SÃO JOÃO MARIA VIANNEY

INTIMIDADE COM DEUS

Pensamentos do Cura d'Ars

3ª edição

Tradução e seleção
Emérico da Gama

@editoraquadrante
@editoraquadrante
@quadranteeditora
Quadrante

São Paulo
2024

Extraído de
Jean-Marie Baptiste Vianney, Curé d'Ars. Pensées

Capa
Gabriela Haeitmann

Dados Internacionais de Catalogação na Publicação (CIP)

Vianney, João Maria, 1786-1859
 Intimidade com Deus : pensamentos de São João Maria Vianney, o Cura d'Ars — 3ª ed. — São Paulo: Quadrante, 2024.

 ISBN: 978-85-7465-704-2

 1. Ascetismo 2. Deus - Adoração e amor 3. Espiritualidade 4. Oração 5. Vianney, João Maria, Santo, 1786-1859 6. Vida espiritual I. Título

CDD-242

Índice para catálogo sistemático:
 1. Meditações : Literatura devocional : Cristianismo 242

Todos os direitos reservados a
QUADRANTE EDITORA
Rua Bernardo da Veiga, 47 - Tel.: 3873-2270
CEP 01252-020 - São Paulo - SP
www.quadrante.com.br / atendimento@quadrante.com.br

SUMÁRIO

INTRODUÇÃO	5
ORAÇÃO SOBRE O AMOR DE DEUS	39
DEUS	41
O AMOR DE DEUS	51
A EUCARISTIA E A CONFISSÃO	71
O PECADO	83
OS TESOUROS DO CRISTÃO	101
OS ÚLTIMOS FINS	129
ACOMPANHADOS	137
NOTAS	143

INTRODUÇÃO

O último sacerdote da França

O Cura d'Ars, padroeiro de todos os padres do mundo, foi "o último sacerdote da França na última aldeia da França. Mas foi cem por cento sacerdote, o que não acontece com frequência. Foi sacerdote tão completamente que a última aldeia da França acabou por ter o primeiro sacerdote da França".*

Jean-Marie Baptiste Vianney nasceu a 8 de maio de 1786 numa família de camponeses do vilarejo de Dardilly, perto de Lyon,

---

(*) Henri Ghéon, O Cura d'Ars, Quadrante, São Paulo, 1986, p. 8. Episódios e citações mencionados neste prefácio foram extraídos desta obra e de Francis Trochu, *O cura d'Ars. São João Batista Maria Vianney, padroeiro oficial dos párocos (1786-1859)*, 2ª ed., Vozes, Petrópolis, 1959.

na França. Fez o catecismo e a primeira comunhão clandestinamente, durante a "caça aos padres" promovida sob a Revolução Francesa, e só pôde aprender a ler aos oito anos. Aos dezenove, procurou o pe. Balley, um sacerdote santo do vilarejo vizinho de Écully, que o preparou para entrar no seminário de Lyon.

Embora tivesse em alto grau a esperteza e a inteligência prática dos camponeses, encontrou enormes dificuldades para cursar os estudos de filosofia e teologia, e especialmente o latim, a tal ponto que os superiores do seminário desesperavam de que pudesse ser ordenado. Mas, como faltavam sacerdotes por causa das perseguições ainda recentes, e o pe. Balley intercedeu insistentemente por ele, que acabou por receber o sacerdócio a 13 de agosto de 1815:

— Seja! — disse o vigário episcopal na ocasião. — A graça de Deus cuidará do resto.

Depois de três anos como coadjutor do pe. Balley, que morreu em fins de 1817, foi enviado para Ars, um dos últimos vilarejos da diocese: apenas duzentas e trinta almas, e muito desleixadas. "Lá não gostavam muito de Deus", diria o pároco anos depois.

Durante os primeiros dez anos, travou uma dura luta com a tibieza daquela gente. Sempre tivera um profundo senso da grandeza do sacerdócio, e sabia-se representante daquelas pessoas diante de Deus e corresponsável pelo seu destino último. Por isso, começou por visitar uma a uma as famílias dos paroquianos, em quem por sinal causou excelente impressão: "A todos nos pareceu cheio de bondade, de jovialidade e de doçura, mas nunca teríamos crido que fosse tão profundamente virtuoso", afirmou a sua colaboradora Catherine Lassagne. Ao mesmo tempo, pregava severamente na missa dominical, pondo cada consciência diante da realidade da vida ou da condenação eternas.

Sobretudo, porém, procurou amar: amar mais e melhor no lugar de todas aquelas pessoas que amavam tão pouco ou tão mal a Deus. Por isso, o pároco "multiplicou por 230 a sua oração e expiação". Levantava-se pouco depois da meia-noite e ia ajoelhar-se ao lado do sacrário, onde permanecia em oração até a hora da missa e, depois, até o catecismo, às onze, e para onde voltava em todos os momentos livres de que dispunha, até muito depois do anoitecer. E fazia uma penitência intensíssima: além do cilício e das disciplinas, dormia sobre um feixe de lenha e uma fina enxerga de palha, comia pouquíssimo — de manhã, um pãozinho seco; no almoço e no jantar, uma ou duas batatas —, dominava o seu temperamento com enorme esforço, e assim por diante.

Mas o seu principal instrumento de penitência foi sem dúvida o confessionário: com o correr dos anos, chegou a passar dezesseis e até dezoito horas diárias sentado nessa caixa fechada, gelada no inverno e abafada no verão, ouvindo o desenrolar interminável, atroz e monótono dos pecados humanos.

A sua intensa vida espiritual não lhe tolheu em nada a atividade: nesse meio tempo, reformou a igreja semiarruinada, chegando a empunhar ele mesmo a pá de pedreiro, e fundou um orfanato e escola de meninas para a região, a "Providência", que confiou à direção de uma moça do vilarejo, Catherine Lassagne.

Por fim, em 1830, pôde proclamar do púlpito: "Ars não é mais Ars". Como comenta o historiador Daniel-Rops, "o respeito humano voltou-se do avesso"[1]*: agora passava a ser tão vergonhoso embebedar-se, brigar, faltar à missa, como na véspera o era fazer o contrário. E os seus paroquianos não se limitavam a cumprir os dez mandamentos, mas manifestavam uma vida espiritual exemplar: não só as mulheres e as crianças, mas homens maduros,* *que em pleno dia de trabalho paravam a carroça ao lado da igreja e entravam por uns momentos para visitar o Senhor, que se tinha tornado Alguém vivo para eles.*

O primeiro sacerdote do mundo

Como nós, os homens, somos cronicamente incapazes de fazer toda a mortificação de que precisamos para abandonar o nosso homem velho e revestir-nos do novo, que é Cristo (cf. Cl 3, 9-10), Deus costuma enviar purificações exteriores àqueles que vê autenticamente dispostos a alcançar a santidade. Para João Maria Vianney, essas purificações apresentaram-se, como é tão frequente na vida dos santos, sob a forma de campanhas de calúnias.

No começo do seu ministério pastoral em Ars, ele, que tinha horror à impureza, teve de ouvir que se cantarolavam cançonetas maldosas a seu respeito, e certa mulher de má vida chegou a pôr-se debaixo da sua janela, atribuindo-lhe aos brados a paternidade da criança que trazia nos braços...

Quando ouvia essas coisas, o pároco mantinha uma aparência externa impassível, mas podia-se ver que se sentia afetado porque se punha a torcer o lenço. Certa vez, quando lhe chamaram em público hipócrita, ignorante e ambicioso, ouviu tudo calado; a seguir, subiu ao quarto para deitar-se um pouco, e em alguns minutos a pele se cobriu de erupções, sinal da violência que tivera de exercer sobre si mesmo.

Os jejuns e penitências valeram-lhe, até da parte dos seus colegas sacerdotes, suspeitas, desconfianças e denúncias por "fanatismo". Certo dia, caiu-lhe nas mãos um abaixo-assinado dirigido contra ele pelos párocos das aldeias vizinhas, no qual se dizia que, ignorante como era, só podia fazer mal às almas que lhe estavam confiadas. Sem duvidar um instante, acrescentou a sua assinatura às dos outros e enviou o escrito ao bispo...

— Esperava de um momento para outro — dizia mais tarde —, que me pusessem para fora a bordoadas, preso e condenado a terminar os meus dias numa prisão. Parecia-me que todo o mundo deveria mostrar-me a língua por eu ter ousado permanecer tanto tempo numa paróquia onde não podia ser senão um obstáculo ao bem.

Como revelam estas palavras, também teve de suportar no seu íntimo, ao menos por dois anos, uma esmagadora tentação de desespero. Uma vez que tinha aguda consciência da infinita santidade de Deus, percebia também agudamente a própria insuficiência. Parecia-lhe que Deus não podia amar um pecador como ele, e sentia-se oprimido pela miséria pessoal e digno do inferno. Ele mesmo nos conta que, para superar essa crise, punha Deus "contra a parede": "Meu Deus! Aceito ser condenado, se for esse o vosso desejo, com a condição de que eu faça ao menos, nesta vida, um pouco da vossa santa vontade..."

"Se vós me condenardes, meu Deus, no inferno hei de lembrar-me de que vos amei um pouco..., e isso aliviará o meu inferno". O que não deixa de ser um maravilhoso paradoxo, pois, como dizia, "se um condenado pudesse fazer um pequeno ato de amor..., já não haveria inferno para ele".

Um leve ressaibo desse tormento permaneceu ao longo da sua vida: parecia-lhe sempre que não amava o suficiente, que não se entregava o suficiente, e por três vezes tentou deixar a paróquia para dedicar o resto dos anos a "chorar a sua pobre vida" num mosteiro trapista. Em três ocasiões, chegou a fazer a trouxa e a tomar a estrada, mas, como é evidente, os seus paroquianos dissuadiram-no dos seus planos com os mais divertidos estratagemas.

Tudo isso, resumia-o com simplicidade:
— "Se ao chegar a Ars tivesse sabido o que haveria de sofrer aqui, só com a notícia teria morrido. [...] Fui caluniado, tive boas contradições, recebi uns bons empurrões.

Sim, havia cruzes, quase mais do que conseguia carregar".

No final das contas, as calúnias, sempre desmentidas pelo seu bispo e pelos seus paroquianos, serviram para espalhar-lhe a fama. Por volta de 1825, passou a ser chamado para pregar missões nas aldeias dos arredores, mas sobretudo para confessar os peregrinos que se reuniam nelas. Formavam-se longas filas diante do seu confessionário, e muitas vezes quem o hospedava tinha de esperá-lo até a meia-noite.

Em 1827, nove anos após a sua nomeação para a paróquia, já chegavam a Ars, em média e diariamente, uma vintena de peregrinos com o desejo de se confessarem com ele, e esse número continuou a crescer ao longo dos anos. Em 1858, ano anterior à sua morte, os visitantes chegaram a oitenta mil. Uma estimativa rápida dá como resultado que cerca de seis milhões de pessoas, sobretudo da França, mas também de *muitos outros países, passaram por aquela humilde igreja. Com tanta gente, às vezes era preciso esperar três a quatro dias para poder falar com ele.*

Era profunda a impressão de santidade que causava nas pessoas: "Para crer na presença do Sobrenatural — pôde alguém dizer dele —, bastava olhá-lo". Ou, nas palavras de um humilde vinhateiro: "Vi Deus num homem". Pois bem, o que atraía nesse humilde pároco de aldeia era precisamente essa fama de santidade, alimentada também pelos boatos, talvez um tiquinho exagerados, que corriam sobre a sua penitência e sobre os ataques que tinha de sofrer por parte do demônio.

Também atraía a sua fama de conselheiro espiritual, pois, intuitivo como era, adivinhava com facilidade as disposições das pessoas que o procuravam. E sobretudo tinha em alto grau o dom sobrenatural de conselho, que lhe permitia indicar com uma precisão extraordinária acontecimentos ou atitudes interiores do penitente que seria impossível conhecer por meios naturais.

E, por fim, a profunda paz que irradiava. "Eu era atormentado durante o dia pelos homens e durante a noite pelo demônio; e experimentava uma grande paz", dizia. "Podia-se vê-lo no meio da multidão que o cercava e que frequentemente o importunava de mil maneiras, tão calmo e tão recolhido como se estivesse inteiramente só", disse uma testemunha. Apesar dos escrúpulos que sentiu durante muitos anos, tinha paz absoluta nas profundezas da alma, porque não desejava senão fazer a vontade de Deus. Muitas pessoas perguntam-se pelo sentido da sua vida, mas pouquíssimas respondem honestamente e com a coragem necessária; os santos, esses sim o fazem.

Em fins de julho de 1859, a morte, cuja chegada pressentia havia mais de um ano, veio enfim dar cumprimento a uma das suas palavras: "Como é agradável morrer quando se tem vivido sob a cruz!" Na madrugada de 4 de agosto de 1859, João Maria Batista Vianney, sereno e sem agonia, entregou a sua alma a Deus. Fora pároco de Ars por quarenta e um anos.

Ao som dos sinos de todas as paróquias vizinhas, acorreram multidões imensas, em que se misturavam todas as classes sociais. O novo bispo da diocese percorreu quarenta quilômetros a pé, rezando em voz alta, para chegar a tempo para os funerais. Todos sabiam muito bem que tinham acabado de perder um santo.

São João Maria Vianney foi canonizado por Pio XI a 31 de maio de 1925, e quatro anos depois o mesmo Papa o declarou Padroeiro de todos os párocos do mundo.

Um retrato

"O Cura d'Ars, diz uma testemunha da sua vida, não aparentava nada de extraordinário externamente". Tinha aspecto de camponês, baixo de estatura, faces achatadas,

em um conjunto bastante vulgar. "É isso o Cura d'Ars?" — exclamou uma senhora da alta sociedade parisiense ao vê-lo tão diferente do que imaginara.

— "Sim, senhora, replicou-lhe o sacerdote com um sorriso. Acontece-lhe o mesmo que aconteceu à rainha de Sabá quando foi visitar Salomão: ela extasiou-se com o excesso, e a senhora com a deficiência..."

Os olhos, sim, eram extraordinários. Azuis, profundos e serenos. Quando se detinham num rosto, pareciam atravessá-lo até a alma. Muitos são os testemunhos de conversões causadas apenas por esse olhar.

Por temperamento, o Cura d'Ars era vivo como pólvora, quase nervoso. Andava rápido e, embora se esforçasse por moderar o passo, era difícil acompanhá-lo nas visitas aos doentes. A rapidez dos gestos causava-lhe certa falta de jeito, e fazia com que fosse um tanto desastrado para as tarefas menores. Ao longo dos anos, forçou-se a imprimir um ritmo mais pausado e recolhido a tudo o que fazia.

A sua enorme sensibilidade refletia-se na fisionomia, extremamente móvel: passava num minuto da alegria à tristeza, conforme ia pensando no amor e na bondade de Deus ou nas misérias dos "pobres pecadores". Essa sensibilidade nada tinha de doentio: qualquer outro que estivesse tão sobrecarregado, fatigado e importunado como ele o esteve por mais de vinte anos, sofreria muito em breve de um stress *de proporções elefantinas... O que acontece é que a santidade, longe de ressecar e estreitar o coração, o dilata e liquefaz. "Os santos têm o coração líquido", dizia.*

Se a sua viveza denotava alguma tendência à cólera, mortificou-a tão a fundo que a transformou numa ironia leve e amável, de camponês matreiro. Assim, para desembaraçar-se dos peregrinos importunos que muitas vezes o cercavam por todos os lados, no trajeto entre a casa paroquial e a igreja, trazia os bolsos cheios de medalhas, que lançava ao ar; quando todos se lançavam a pegá-las, ia-se embora rindo baixinho.

Não faltam exemplos dessa esperteza:

— "Por que é que, quando prega, o senhor fala tão alto, e quando reza, tão baixo?", perguntou-lhe alguém.

— "É que, quando prego, falo a surdos, e quando rezo, falo com Deus, que não o é".

"Minha filha, qual o mês do ano em que você fala menos?", perguntou em certa ocasião a uma pessoa que falava pelos cotovelos. A interlocutora, desconcertada, respondeu que não sabia: "Deve ser fevereiro — respondeu o santo, com um sorriso que amenizava a malícia —, já que esse mês tem três dias menos que os outros".

Ao contrário do que essa veia de humor irônico nos poderia levar a pensar, todas as testemunhas concordam em que a síntese da personalidade do pe. Vianney era a simplicidade, a delicadeza e a bondade.

Um lavrador de Ars, Benoît Trève, resumia assim essa impressão: "Se não tivéssemos de venerá-lo como um santo, teríamos de amá-lo como o mais amável dos homens".

A principal prova dessa amabilidade talvez esteja no que comentava uma testemunha do processo de canonização: "Esse sorriso que raras vezes abandonava os seus lábios..." E entenderemos melhor o que isso significa se contrastarmos essas palavras com o que já vimos sobre a sua viveza de temperamento.

Mas havia muitas outras provas. Embora normalmente recusasse com delicadeza, se bem que firmemente, tudo o que lhe ofereciam, aceitava tomar um pouco de sopa quando era uma família pobre que a oferecia, pois receava melindrar alguém. Durante certa época, uma pessoa extremamente maçante costumava procurá-lo várias vezes no mesmo dia, e de cada vez recebia-a com a mesma mansidão, como se não tivesse mais nada que fazer.

Na mesma linha, percebia imediatamente quando faltava alguma coisa aos que o cercavam: um dia, por exemplo, viu o coadjutor, pe. Monnin, atravessar correndo a praça da aldeia, pois começava a chover; à noite, uma das meninas da Providência apresentou-se à porta do coadjutor com um guarda-chuva novo, que o pe. Vianney mandara comprar na aldeia vizinha. E como esse, há milhares de episódios que vieram à tona nos testemunhos dos processos de canonização.

Dava enorme valor ao tempo; gastava tranquilamente um quarto de hora ou mais com qualquer pessoa que precisasse dele, fosse lavrador ou nobre, mas, quando desejavam apenas saudá-lo, demorava-se cinco minutos no máximo. E, quando necessário, sabia também pôr os importunos no seu lugar.

— *"Em nenhuma parte, nem mesmo no Vaticano, me fazem esperar tanto", dizia-lhe uma senhora nobre que pretendia* "furar a fila" do confessionário com base nos seus títulos.

— "Oh! respondeu o santo, mas no tribunal do pobre cura d'Ars é preciso que a senhora espere".

Como podemos ver, muito longe da imagem de deficiente mental que as calúnias pintavam e que ele mesmo se divertia em difundir, era alerta, perspicaz e bom observador. O escritor René Bazin, membro da Academia Francesa, que o visitou em Ars, escreveu dele: "Que espírito tinha aquele homem! Que grande espírito!"[2]

Já vimos que teve dificuldades nos estudos, mas isso só indica que possuía uma inteligência de tipo mais prático que especulativo. Além do mais, esforçava-se ao máximo por compensar qualquer lacuna intelectual que pudesse ter: todas as noites, mesmo depois de dezesseis horas passadas no confessionário, tomava um livro de espiritualidade ou teologia e o lia na cama até ser vencido pelo sono. E a sua *biblioteca sacerdotal não era nada desprezível: quatrocentos volumes.*

Durante o auge da campanha de calúnias, foi submetido a exame pelo pároco de Trévoux, pelo Vigário Geral da diocese de Belley, e por fim pelo bispo, D. Devie, teólogo de renome, e todos se deram por satisfeitos com o seu saber doutrinal e moral. O prelado comentou que, de duzentos casos de consciência que o sacerdote lhe havia apresentado com a respectiva solução, discordaria no máximo de dois. "Talvez não seja instruído — fez questão de comentar numa reunião do clero da diocese —, mas é esclarecido".

Quanto à pregação, era simples e direta. A sua voz tinha um timbre agudo, um tanto cansativo, que no final da vida chegou a ser um murmúrio quase incompreensível, entrecortado por gritos e, às vezes, lágrimas. Mesmo assim, as multidões aglomeravam-se para ouvir esses gritos e ver essas lágrimas.

Como sentia pesar sobre si com muita força a responsabilidade de transmitir a palavra de Deus, no início preparava exaustivamente os seus sermões; com o tempo, porém, foi ganhando um estilo próprio, adequado ao seu modo de ser: frases curtas e rápidas, que "disparava como flechas". Nunca foi propriamente um orador, pois tendia a girar em torno de um mesmo assunto sem avançar segundo um esquema lógico. As frases eram frequentemente banais, mas de repente vinham entrecortadas por um relâmpago nascido da sua vida interior, que emprestava fogo e luz ao seu pensamento, como poderemos ver por esta coletânea.

No entanto, singela como era, essa pregação atingia o objetivo. Acontecia algumas vezes que, tal como os grandes místicos, se limitava a repetir uma frase breve, que no início mal tocava os assistentes, mas acabava por penetrar a fundo as consciências: "Ele está aí...", dizia por exemplo, devagar, apontando o tabernáculo. Se no começo parecia uma verdade elementar para qualquer católico, a primeira repetição despertava os desatentos, e a segunda deixava todos eletrizados. Um quarto de hora depois, todos choravam...

Espiritualidade

Não encontraremos nos escritos que derivaram da pregação do Cura d'Ars* uma espiritualidade sistemática, uns ensinamentos organizados. Não era, como vimos, um intelectual. Mas encontramos, sim, um tesouro de pensamentos em que a esperteza, o bom humor e a santidade confluem de maneira muito luminosa e tocante.

Os centros de interesse desse simples pároco eram o altar, o púlpito, o confessionário. Embora venhamos a encontrar,

---

(*) *Sermons du Curé d'Ars*, Emmanuel Vitte, Lyon, 1893; *Les intuitions du Curé d'Ars*, organizado por Francis Trochu, Emmanuel Vitte, Lyon, 1933; e os inúmeros testemunhos nos processos de beatificação e canonização.

recolhidas aqui, ideias impressionantes sobre a grandeza do sacerdócio, pode-se dizer que viveu o seu sacerdócio mais do que o descreveu. E isso, por sua vez, confere à maior parte dos seus ditos um tom pessoal e concreto: estão dirigidos a pessoas de carne e osso e destinados a ajudá-las a ganhar intimidade com Deus.

A mentalidade romântica do século XIX, que tendia ao "gótico" — como agora se diz —, aliada às calúnias que se difundiam sobre ele, fez com que se considerasse o Cura d'Ars um ser sombrio, ocupado apenas com a penitência e o temor do inferno. Não há dúvida de que, como pastor honesto, falou das verdades eternas, e entre elas do inferno e do purgatório, bem como da penitência; mas, como se poderá ver pela seleta de pensamentos que vem a seguir, os seus temas preferidos eram o amor de Deus por nós e o nosso amor a Deus.

"Falava sobretudo do amor de Deus, da presença de Nosso Senhor na Eucaristia,

na inabitação do Espírito Santo na nossa alma. Quando falava do pecado, chorava", dizia um velho camponês de Ars, que tinha conhecido o pe. Vianney desde a sua chegada. E o próprio pároco dizia: *"O amor vale mais que o temor; há quem ame a Deus, mas no meio de um grande temor... Não é assim que se deve fazer. Deus é bom, conhece as nossas misérias; é preciso que o amemos, que queiramos fazer tudo para agradar-lhe".*

Com efeito, foi o amor, não o medo, que fez dele um santo; e as batatas cozidas ou as disciplinas não passavam de um meio de amar, de demonstrar a Deus o seu amor. Catherine Lassagne conta que as suas instruções e aulas de catecismo giravam quase sempre em torno do tema do amor a Deus: *"Começava por vezes a falar de outro assunto e voltava sempre ao do amor..."*

Era comum que insistisse, tanto pelo tom como pelas palavras, sobre a suavidade sensível do amor — *"A vida interior é um banho de amor no qual mergulhamos" —, mas não perdia de vista o seu sentido profundo, que é a firme disposição de cumprir a vontade de Deus: "Hei de submeter-me a tudo o que me enviardes, porque vem de Vós".*

Sabia também que, para amar a Deus, o primeiro passo está em tomar consciência do Amor de Deus: "O amor do homem a Deus é sempre tão pequeno e pobre, que mais vale contar com o amor que Deus tem por nós: deixar-nos amar, deixar que Deus nos cumule. [...] Assim a alma enche-se de amor".

O "núcleo", por assim dizer, do seu amor a Deus era a Santíssima Trindade. Catherine Lassagne conta que sempre tinha "uma imagem da Santíssima Trindade colada na primeira página do breviário", e no primeiro testamento que fez, legava "o corpo à terra, e a alma [...] às Três Pessoas Divinas".

A Trindade não tinha para ele um sentido abstrato: o Pai era verdadeiramente

*o Pai, "tão bom". "Há quem pense que o
Pai Eterno tem um coração duro. Como se
enganam!" O Filho transbordava de amor:
"Se soubéssemos como Nosso Senhor nos
ama, morreríamos de prazer". E o Espírito
Santo transmitia-lhe "a força e o movimento". Vivia numa oração constante ao Deus
trino: "Quando rezamos, damos prazer à
Trindade", e se não falava mais dEla, era
porque tinha de pôr-se ao nível espiritual
dos seus ouvintes.*

*O caminho para chegar ao Deus trino
era, para ele como para todo o cristão,
Aquele que o próprio Deus instituiu: Cristo,
Verbo Encarnado. "As almas interiores não
veem senão Jesus Cristo". No breviário da
Liturgia das Horas, o santo cura tinha
pedido que lhe anotassem, a cada "hora",
o momento correspondente da Paixão do
Senhor. Mas não procurava apenas viver
uma "imitação" exterior de Cristo, e sim
uma autêntica união interior: "Estar unido a Deus..., ser de Deus todo inteiro, ser*

de Deus sem divisão alguma: o corpo, de Deus; a alma, de Deus!"

Como atingir essa união? Evidentemente, por meio dessa Eucaristia que era precisamente a razão de ser do seu sacerdócio. Desde sempre, raramente o pe. Vianney terminava um sermão ou uma catequese sem mencionar a Eucaristia. Mais para o fim da vida, recebeu a graça de perceber sensivelmente a presença de Cristo no tabernáculo, e, quando estava no presbitério da igreja, essa impressão era tão forte que chegava a perder a noção do que dizia: falava com dificuldade, deixava arrastarem-se as palavras quando lhe faziam uma pergunta e voltava-se continuamente para o tabernáculo. Depois, lembrando-se de que a sua voz não era forte, virava-se de novo para os assistentes, mas dali a pouco era novamente atraído para o altar: ele mesmo dizia que tinha um movimento de "pião"...

Na missa, prolongava por vezes os silêncios, contemplando com um sorriso e lágrimas nos olhos a hóstia que tinha entre as mãos. Certa vez, o coadjutor disse-lhe rindo:

— "Hoje de manhã, o sr. teve uma distração bem grande durante a missa".

— "Tive uma ideia curiosa — respondeu o pároco; — eu dizia a Nosso Senhor: 'Pode ser que mais tarde não possa estar convosco; agora que Vos agarrei, não Vos solto mais'".

Por muito atarefado que estivesse, sempre saía do confessionário por volta das seis e meia da manhã e ia ajoelhar-se diante do altar por vinte minutos a meia hora. E se uns penitentes impertinentes iam puxá-lo pela batina para que os ouvisse em confissão, voltava-se para eles com uma chispa da sua vivacidade natural: "Como!... Vou tocar a Deus, vou dar-lhe ordens, e vós não quereis que eu me prepare?"...

Falava de Nossa Senhora com tanta confiança e amor que ficamos com a impressão de que a conhecia muito bem e tinha farta experiência da sua bondade: "A aparição da Santíssima Virgem pode comparar-se à de um belo sol num dia de nevoeiro". "Ela é melhor que a melhor das mães", dizia; e acrescentava que "o coração dessa boa Mãe é todo amor e misericórdia. E como não deseja senão ver-nos felizes, basta que nos voltemos a Ela para sermos atendidos".

Com efeito, "voltava-se para Ela" com absoluta confiança, como quem conhecia o seu ilimitado poder de intercessão, pois "o Pai compraz-se em olhar o Coração da Santíssima Virgem como a obra-prima das suas mãos". Basta-lhe oferecer ao Pai o seu divino Filho; e porque contamos com isso, "uma oração que agrada muito a Deus é pedir à Santíssima Virgem que ofereça o seu divino Filho ao Pai eterno".

Como vimos, sempre dedicou à oração, e à oração mental diante do Santíssimo Sacramento, todos os minutos de que podia dispor. Sabia que "não há necessidade de falar tanto para orar bem. Sabemos que Deus está lá... Abrimos-lhe o coração, queixamo-nos na sua santa presença: essa é a melhor oração". De joelhos junto ao altar, procurava afastar toda a imagem, toda a lembrança, todo o pensamento que não dissessem respeito diretamente a Deus. "Nessa união íntima que é a oração, Deus e a alma são como dois pedaços de cera fundidos num só".

Ao mesmo tempo, insistia em que não seríamos capazes de amar o Pai, ou mesmo de nos deixarmos amar pelo Pai, se não fôssemos amados pelo Filho, que ora em nós e por nós: "Toda a oração se faz pelos méritos e em nome de Jesus Cristo".

Muitas testemunhas coincidem em afirmar que repetia com frequência: "Ser amado por Deus, estar unido a Deus..., viver na presença de Deus, viver para Deus..., ó vida bela..., ó bela morte! Tudo sob os olhos de Deus, tudo com Deus, tudo para agradar a Deus... Como isso é belo!" Queria que todos tendessem a essa união, que exige acima de tudo o desejo de fazer a vontade de Deus, não a própria.

"Não temos de próprio senão a nossa vontade — dizia —; é a única coisa que podemos tirar do fundo de nós mesmos para fazer dela uma homenagem a Deus. Por isso é que se diz que um simples ato de renúncia à vontade própria é mais agradável a Deus que trinta dias de jejum..."

Aqui está a razão de ser da sua mortificação, que deveria ser também, ao menos em certo grau, a nossa: entregar a vontade a Deus. O pe. Vianney recomendava aos que se confiavam a ele as mortificações ativas, mas sobretudo a mortificação do coração e do orgulho: a humildade, numa palavra. "Uma pequena humilhação, dizia, faz com que a barca se endireite", volte novamente a proa para o porto de destino.

Nunca recomendou medidas ascéticas que impedissem de cumprir os deveres de estado. Por exemplo, tinha proibido

Catherine Lassagne, que era então a diretora da "Providência", de jejuar durante a Quaresma: "Mas o senhor não deixa de jejuar!", respondeu ela. "É verdade, mas eu posso fazer o meu trabalho mesmo em jejum, ao passo que você não poderia".

Ao mesmo tempo que o cumprimento dos deveres, recomendava uma mortificação que consistia sobretudo na luta contra os vícios e defeitos: "Quando todas as nossas ações forem apresentadas a Deus, quantas haverá que serão pouco agradáveis a Ele, mesmo entre as melhores! Quantas imperfeições, quantos pensamentos de amor-próprio, quantas satisfações humanas, prazeres sensuais e egoísmos estão misturados a elas! Têm boa aparência, mas é apenas aparência, como esses frutos que parecem mais amarelos e mais maduros porque um verme os furou".

Por fim, insistia, de acordo com a melhor tradição cristã, em que é preciso procurar a união com Deus em tudo aquilo que fazemos, dando assim sentido e calor mesmo às vidas mais comezinhas. "É mister, dirá numa de suas catequeses, oferecer a Deus o nosso trabalho, o nosso repouso e os nossos passos. Oh! como é belo fazer tudo por Deus. Vamos, minha alma: se trabalhas com Deus, és tu que trabalhas, mas é Deus que abençoa o teu trabalho. De tudo tomará nota; a privação de um olhar, de uma satisfação, tudo será anotado. Há pessoas que sabem aproveitar-se de tudo, mesmo do inverno: se faz frio, oferecem a Deus os pequenos sofrimentos. Como é bom oferecer-se a Deus toda as manhãs em sacrifício!"

* * *

Esta coletânea de pensamentos* deixa longe a imagem de um santo admirável,

---

(*) Extraída da clássica antologia *Jean-Marie Vianney, Curé d'Ars. Pensées*, Desclée de Brouwer, 7ª ed. prefaciada por Bernard Nodet, Paris, 1986.

mas inimitável. Traz-nos Deus e as verdades que não passam para o nosso dia a dia, para o meio dos nossos afazeres habituais, que são a matéria-prima insubstituível e acessível para quem ama a sua vocação de cristão e a toma a sério.

Os pensamentos do santo pároco desbravam todos os tesouros da doutrina cristã, os únicos que valem a pena: o amor de Deus por nós, seus filhos muito queridos e, em correspondência, o nosso amor por Ele, Pai de toda a misericórdia e consolação, que está bem ao nosso lado e diante de nós.

Não leiamos estes pensamentos apressadamente nem de enfiada, mas um a um, saboreando-os, refletindo, sentindo-nos tocados, como se sentiam os ouvintes de Ars..., que, afinal, eram como nós.

ORAÇÃO
SOBRE O AMOR DE DEUS

Eu Vos amo, meu Deus, e o meu único desejo é amar-Vos até o último suspiro da minha vida.

Eu Vos amo, Deus infinitamente amável, e prefiro morrer amando-Vos a viver um só instante sem Vos amar.

Eu Vos amo, Senhor, e a única graça que Vos peço é a de amar-Vos eternamente.

Eu Vos amo, meu Deus, e não desejo o céu senão para ter a felicidade de Vos amar perfeitamente.

Eu Vos amo, meu Deus infinitamente bom, e não compreendo o inferno senão porque lá não haverá nunca a consolação de Vos amar.

Meu Deus, se a minha língua não Vos pode dizer a todo o momento que Vos amo, quero que o meu coração Vo-lo repita cada vez que respiro.

Meu Deus, concedei-me a graça de sofrer amando-Vos e de Vos amar sofrendo.

Eu Vos amo, meu divino Salvador, porque fostes crucificado por mim e porque me tendes aqui em baixo crucificado por Vós.

Meu Deus, concedei-me a graça de morrer amando-Vos e de saber que Vos amo.

Meu Deus, à medida que me aproximo do meu fim, concedei-me a graça de aumentar e aperfeiçoar o meu amor[1].

DEUS

A Trindade

Deus encerra em Si todas as perfeições. É bom, infinitamente bom; grande, infinitamente grande; eterno. Age e está sempre em repouso, é imutável e tudo muda, permanece imóvel e dá o movimento a tudo, é inabarcável e tudo abarca. Que há de mais perfeito?[1]

Bendizemos de todo o coração e com o mais profundo respeito à Santíssima e Augusta Trindade.[2]

Um cristão: objeto das complacências das três Pessoas Divinas.[3]

As três Pessoas Divinas habitam na alma [em graça]. Por isso, essa alma é um pequeno céu.[4]

O Pai

Há quem pense que o Pai Eterno tem um coração duro. Como se enganam! Para desarmar a sua justiça, o Pai Eterno deu ao seu Filho um coração imensamente bom: não se dá o que não se tem.[5]

Nada mais glorioso e honroso para um cristão do que ter o sublime nome de filho de Deus.[6]

Estamos neste mundo, mas não somos deste mundo, porque dizemos todos os dias: "Pai nosso, que estais nos céus..." Devemos esperar a nossa recompensa quando estivermos "em nossa casa", na casa paterna.[7]

Quando Deus nos vê vir, inclina o seu coração bem baixo até a sua criatura, como um pai se inclina para escutar o filho pequeno que lhe fala.[8]

Jesus Cristo

Pela sua Encarnação, Deus esconde a sua divindade... para se tornar visível aos nossos olhos.[9]

O nosso corpo faz-se um só com o de Cristo, porque todos os dias a sua Carne e o seu Sangue nos servem de alimento.[10]

Somos uma parte de Cristo.[11]

Não vos assusteis com o vosso fardo. O Senhor carrega-o juntamente convosco.[12]

Jesus Cristo mostra-se pronto a fazer a nossa vontade, se nós começamos a fazer a sua.[13]

Jesus teria podido salvar o mundo apenas baixando os olhos diante de seu Pai, mas quis ser o homem de dores, o homem de todas as dores.[14]

O Senhor sofreu mais do que era preciso para nos resgatar. Mas aquilo que teria satisfeito a justiça de seu Pai não teria satisfeito o seu amor.[15]

A paixão de Nosso Senhor é como um grande rio que desce de uma montanha e jamais se esgota.[16]

Que pena que as almas que custaram tão caro se percam por toda a eternidade![17]

Sem a morte de Nosso Senhor, todos os homens juntos não teriam podido expiar uma pequena mentira.[18]

Compreender que sejamos a obra de um Deus é fácil; mas que a crucifixão de um Deus seja a nossa obra, eis o que é incompreensível.[19]

Não tornemos inútil esse sacrifício.[20]

Deus não exige de nós tanto como ao seu Filho, e nós não paramos de queixar-nos.[21]

O Espírito Santo

Era preciso que descesse o Espírito Santo para que a sementeira de graças frutificasse. É como um grão de trigo: lançam-no à terra, mas são precisos o sol e a chuva para que se torne espiga.[22]

O Espírito Santo é a fortaleza... Foi Ele que sustentou os mártires. Sem o Espírito Santo, os mártires teriam caído como as folhas das árvores.[23]

Sem o Espírito Santo, somos como uma pedra no caminho... Pegai numa mão uma esponja embebida em água e na outra uma pequena pedra, e espremei-as por igual. Não sairá nada da pedra, e, da esponja, fareis sair água em abundância. A esponja é a alma repleta do Espírito Santo, e a pedra é o coração duro e frio no qual não habita o Espírito Santo.[24]

Os sacramentos que Nosso Senhor instituiu não nos teriam salvo sem o Espírito Santo. A própria morte do Senhor teria sido inútil sem Ele.[25]

Neste mundo, o "Vento" sopra sempre.[26]

Como essas lentes que aumentam os objetos, o Espírito Santo faz-nos ver em ponto grande o bem e o mal.[27]

Com o Espírito Santo, vê-se tudo em ponto grande: vê-se a grandeza das menores ações feitas por Deus e a grande baixeza das menores faltas.[28]

Assim como um relojoeiro com as suas lentes distingue as menores peças de um relógio, assim nós, com as luzes do Espírito Santo, distinguimos todos os detalhes da nossa pobre vida.[29]

A um cristão que é conduzido pelo Espírito Santo, não lhe custa deixar os bens deste mundo para correr atrás dos bens do céu. Sabe ver a diferença.[30]

Trata-se, pois, de saber quem nos conduz.[31]

Para um homem que se deixa conduzir pelo Espírito Santo, parece não haver mundo. Para o mundo, parece não haver Deus.[32]

Quando nos ocorrem bons pensamentos, é o Espírito Santo que nos visita.[33] É o Espírito Santo que forma os pensamentos nos corações dos justos e neles gera as palavras.[34]

Os bons desejos são o sopro do Espírito Santo que passou pela nossa alma e tudo renovou, como esse vento quente que derrete o gelo e traz a primavera.[35]

Quando o Espírito Santo reside na nossa alma, quantas boas intenções nos dá! Mas é preciso corresponder-lhes e segui-las.[36]

As pessoas do mundo não têm o Espírito Santo ou só O têm de passagem. Não se detêm neles. O barulho do mundo fá-Lo partir.[37]

Quando se perde o fervor, deve-se fazer imediatamente uma novena ao Espírito Santo para pedir-Lhe a fé e o amor.[38]

É preciso pedir com frequência, ao longo do dia, as luzes do Espírito Santo. Precisamos dEle para conhecer a nossa miséria.[39]

Os orgulhosos não têm o Espírito Santo.[40]

O Espírito Santo é como um jardineiro que trabalha a nossa alma.[41]

Uma alma que possui o Espírito Santo experimenta na oração um sabor que a faz achar sempre muito curto o tempo que lhe dedica; jamais perde a presença de Deus. O seu coração diante do Santíssimo Sacramento [no sacrário] é como um cacho de uvas no lagar.[42]

O AMOR DE DEUS

O amor de Deus por nós

Ó meu Deus, meu Deus! Quanto nos amastes![1]

O amor de Deus é de todos os instantes e de uma intensidade sempre igual.[2]

A única felicidade que temos na terra é a de amar a Deus e saber que Ele nos ama.[3]

Deus ama-nos mais que o melhor dos pais, mais que a mãe mais terna. Temos apenas de submeter-nos e abandonar-nos à sua vontade, com um coração de criança.[4]

Deus não nos perde de vista, como uma mãe não perde de vista o filhinho que começa a mexer os pés.[5]

Cada vez que desconfio da Providência, Deus castiga-me das minhas desconfianças enviando-me socorros inesperados.[6]

A graça

Deus tem as mãos cheias de graças, e procura quem as possa receber. Mas ninguém as quer...[7]

Deus multiplica-nos as suas graças. Por isso, como nos entristeceremos, no fim da vida, por não as termos aproveitado![8]

Quem ama a Deus é como uma árvore plantada à beira de um regato límpido. É continuamente refrescado pelas doçuras da graça que cai sobre a sua alma como um orvalho celeste.[9]

A alma sob a ação da graça assemelha-se a essas aves que mal roçam a terra e planam constantemente nos ares, ao passo que a alma em estado de pecado se assemelha a essas aves domésticas que não podem deixar a terra e estão constantemente presas a ela.[10]

A graça de Deus converte tudo em ouro.[11]

Deus compraz-se nesse coração [em graça], nele se contempla, nele se reconhece, nele se admira como num espelho; enche-o por inteiro de Si mesmo.[12]

O homem é tão grande que nada da terra o pode contentar. Só está contente quando se volta para o lado de Deus... Tirai um peixe da água, e não viverá: esse é o homem sem Deus.[13]

Virtudes teologais

Os três atos de fé, esperança e caridade encerram toda a felicidade do homem na terra.[14]

Quando dizemos: "Meu Deus, eu creio, creio firmemente", devemos dizê-lo sem a menor hesitação! Se nos compenetrássemos bem destas palavras! Creio firmemente que estais presente em toda a parte, que me vedes, que estou sob o vosso olhar, que um dia Vos verei claramente, que participarei de todos os bens que me prometestes! Meu Deus, eu Vos amo: tenho um coração para Vos amar. Como este ato de fé, que é também um ato de amor, basta![15]

A FÉ

O homem justo que vive da fé (cf. Rom 1, 17) é como uma parreira carregada de cachos de uvas: espalha à sua volta o bom odor das suas virtudes e a abundância das suas obras. Mas aquele que vive sem Deus é como uma cepa morta que só estorva e que tem de ser arrancada e lançada ao fogo.[16]

Quando não se tem fé, é como estar cego. Aquele que não vê não conhece; aquele que não conhece não ama; aquele que não ama a Deus ama-se a si próprio, e ao mesmo tempo ama os seus prazeres. Prende o seu coração a coisas que passam como a fumaça. Não pode conhecer nem a verdade nem bem algum; só pode conhecer a mentira, porque carece de luz; está no meio da neblina.[17]

Há tão pouca fé no mundo, quer quando se espera muito dele, quer quando dele se desespera.[18]

Não temos suficiente fé, não compreendemos a nossa dignidade...[19] Se procuramos a Deus, encontramo-Lo.[20]

Penso que se tivéssemos fé, seríamos senhores das vontades de Deus; estariam presas a nós, e Ele não nos recusaria nada.[21]

A esperança

Pela esperança, confiamos no cumprimento das promessas divinas. Confiamos em que seremos recompensados de todas as nossas boas ações, de todos os nossos bons pensamentos, de todos os nossos bons desejos, porque Deus tem em conta mesmo os bons desejos... De que mais precisamos para ser felizes?[22]

A provação produz a paciência, e a paciência a esperança (cf. Rom 5, 3-4).[23]

O coração dos santos é como um rochedo no meio do mar.[24]

O mau cristão não pode compreender a bela esperança do céu que consola e anima um bom cristão.[25]

Temos necessidade da graça. É como nessa noite em que eu não conseguia dormir, chorando a minha pobre vida. De repente ouvi uma voz que me dizia: "Em Ti, Senhor, esperei; jamais serei confundido". Olhei à minha volta e não vi nada. A mesma voz repetiu essas palavras em tom mais nítido. Levantei-me e, abrindo o meu breviário, os meus olhos caíram sobre essa mesma passagem.[26]

A CARIDADE

Meu Deus, quem sou eu para me terdes mandado que Vos amasse![27]

Amar a Deus é tão bom! É preciso o céu para compreendê-lo. A oração ajuda um pouco, porque a oração é a elevação da alma até o céu. Quanto mais conhecemos os homens, menos os amamos. É o contrário com Deus: quanto mais O conhecemos, mais O amamos. Quando uma alma começou a saborear o Amor de Deus, já não pode amar nem desejar outra coisa.[28]

Não acredito que haja corações tão duros que não O amem, ao verem que são tão amados por Ele.[29]

Há homens que choram por não amarem a Deus. Pois bem, esses são os que O amam.[30]

Meu Deus! O que amaremos, se não amamos o Amor?[31]

O homem, que foi criado para amar a Deus, para possuir a Deus, para conter Deus dentro de si, que fará de todas as forças que lhe foram dadas para isso?[32]

Nem todos podemos dar grandes esmolas, retirar-nos para a Trapa ou para o deserto, mas todos podemos amar a Deus do fundo do coração.[33]

A terra é demasiado baixa, demasiado pobre para o coração do homem. O céu pela sua imensidão, Deus pelo seu amor, são os únicos que podem preencher a infinita capacidade dos desejos desse coração que só foi feito para amar.[34]

A fé e a esperança deixarão de existir no céu, mas o amor continuará! Estaremos bêbados dele, imersos nele, perdidos nesse oceano do amor divino, fundidos nessa imensa caridade do coração de Cristo! Por isso a caridade é uma antecipação do céu.[35]

Coisa estranha: encontrei muita gente arrependida de não ter amado a Deus; nunca encontrei pessoa alguma triste e arrependida de tê-lo amado.[36]

Amor e obras

Não se pode amar a Deus sem Lhe testemunhar esse amor pelas obras.[37]

Procurai um amor verdadeiro que não se manifeste externamente pelos efeitos: não o encontrareis.[38]

Que pena, meu Deus, se o vosso amor fosse estéril em mim![39]

Não há duas boas maneiras de servir o Senhor. Só há uma: servi-Lo como Ele quer ser servido.[40]

A submissão à vontade de Deus é para nós o que eram os cabelos para Sansão: o segredo da sua força.[41]

O único meio de agradar a Deus é permanecer submetido à sua vontade em todas as circunstâncias da vida. Para uns, será a doença que os prova e purifica; para outros, a pobreza; para estes, a ignorância e o desprezo com que são olhados pelos homens do mundo; para aqueles, os desgostos interiores e morais; e, para todos, o sofrimento que se apresenta de mil formas diversas.[42]

É preciso querer o que Deus quer. E Ele quer santificar-nos pela paciência.[43]

Eis uma boa norma de conduta: não fazer nada que não se possa oferecer a Deus.[44]

Conhecem-se os amigos de Deus porque fazem o que não têm obrigação de fazer.[45]

Amar por puro amor

Amar a Deus não é sentir de tempos em tempos alguns movimentos de ternura por Deus; essa sensibilidade nem sempre está ao nosso alcance.[46]

Quando não encontramos consolo [nas práticas de piedade], servimos a Deus por Deus. Quando o temos, corremos o risco de servi-lo por nós mesmos.[47]

Penso com frequência que, mesmo que não houvesse outra vida, seria uma grande felicidade amar a Deus nesta daqui, servi-lo e poder fazer alguma coisa para a sua glória.[48]

Hoje quero fazer tudo para dar glória a Deus.[49]

Mesmo que eu tivesse de ser condenado, evitaria o pecado tanto quanto me fosse possível.[50]

Os méritos

Não é a grandeza das ações que lhes confere o mérito, mas a pureza de intenção com que as fazemos.[51]

Que quereis que Deus vos dê, se só contais com o vosso trabalho e para nada com Ele?[52]

Os avaros lançam mão de todos os meios para aumentar o seu tesouro. Eles [os que amam a Deus] fazem o mesmo com as riquezas do céu: vão-nas amontoando... Ficaremos surpreendidos no dia do Juízo ao vermos almas tão ricas.[53]

Oração mental

A oração não é outra coisa senão uma união com Deus.[54]

Nessa união íntima que é a oração, Deus e a alma são como dois pedaços de cera fundidos num só.[55]

A oração é uma doce amizade, uma maravilhosa familiaridade.[56]

A oração é uma suave conversa de um filho com seu Pai.[57]

A oração é a misteriosa escada que conduz ao céu.[58]

A oração é como o fogo que infla o balão e o faz subir ao céu.[59]

A oração é como uma balança que nos eleva até Deus e O faz descer até nós.[60]

A oração é para a nossa alma o que a chuva é para a terra. Adubai a terra quanto quiserdes; se faltar a chuva, tudo o que tiverdes feito não servirá para nada.[61]

Quanto mais se ora, mais se quer orar.[62]

Quando oramos em nome de Jesus Cristo, não somos nós que oramos, mas o próprio Jesus Cristo que ora ao Pai por nós.[63]

Quando oro, imagino Jesus que ora ao Pai.[64]

"Não Lhe digo nada. Olho-O e Ele me olha!" Como é bonito, meus filhos, como é bonito!*[65]

Há pobres mulheres que pensam que, quanto mais se fala, mais se ora.[66]

Dirigir diretamente o olhar da alma para o coração de Deus, e isso sem dizer uma palavra...[67]

(*) Para explicar a essência da oração, o Cura d'Ars gostava de contar na sua pregação este episódio: "Havia aqui na paróquia um homem que morreu há poucos anos. Certa vez, entrando na igreja para rezar as suas orações antes de ir ao campo, deixou os utensílios à porta e esqueceu-se de si mesmo diante do sacrário. Um vizinho que trabalhava no mesmo lugar e que costumava vê-lo, estranhou-lhe a ausência. Voltou e resolveu entrar na igreja, julgando talvez encontrá-lo ali, e efetivamente o encontrou. 'Que fazes aqui tanto tempo?', perguntou-lhe. Ao que ele respondeu: 'Olho para Deus e Deus olha para mim'" (*Instrução das 11 horas*, manuscrito de M. de La Bastie, p. 58). O protagonista do episódio foi um camponês de nome Chaffangeon.

Como é grato a Deus um breve quarto de hora que roubamos às nossas ocupações — a certas inutilidades —, para orar![68]

Por maiores que sejam as nossas ocupações, podemos orar a Deus sem comprometer os nossos afazeres.[69]

Vamos, minha alma, tu vais conversar com Deus! E [depois] trabalhar com Ele, caminhar com Ele, combater e sofrer com Ele. Trabalharás, mas Ele abençoará o teu trabalho. Caminharás, mas Ele abençoará os teus passos. Sofrerás, mas Ele abençoará as tuas lágrimas. Como é grande, nobre, consolador fazer tudo na companhia e sob o olhar de Deus, pensar que Ele vê tudo, que leva em conta tudo![70]

A oração é um mel que flui na alma e tudo adoça. Na oração bem feita, os sofrimentos dissolvem-se como a neve ao sol.[71]

Penso com frequência na alegria dos Apóstolos quando voltaram a ver Nosso Senhor [ressuscitado]. A separação tinha sido tão dura! O Senhor amava-os tanto! Podemos imaginar que os abraçou, enquanto lhes dizia: "A paz seja convosco!" É assim que Ele abraça a nossa alma, quando oramos. E diz-nos: "A paz seja convosco".[72]

A oração vocal

Não vemos a Deus [quando rezamos], mas Ele nos vê e nos ouve.[73]

É preciso rezar como as crianças de quatro anos, que não têm malícia alguma, que contam tudo à sua mãe.[74]

Não fazer rezar as crianças é roubar uma grande glória a Deus.[75]

Ao acordarmos pela manhã, temos de oferecer a Deus o coração, a alma, os pensamentos, as palavras, as ações, nós mesmos por inteiro, para servirmos unicamente à sua glória. Renovar as promessas do Batismo, agradecer ao Anjo da Guarda, a esse bom Anjo que ficou ao nosso lado enquanto dormíamos. Não merecíamos rezar. Mas Deus, na sua bondade, permitiu-nos que Lhe falássemos.[76]

Se no inferno se pudesse rezar, não haveria inferno.[77]

Quando penso nessas belas orações [os Salmos], sou tentado a gritar: "Feliz culpa!"*[78]

Estávamos na primavera; os bosques estavam cheios de pássaros que agitavam

---

(*) Expressão atribuída a Santo Agostinho e incluída pela liturgia no Pregão pascal, que se reza todos os anos na cerimônia da Vigília da Páscoa; completa, diz assim: "Feliz a culpa [de Adão], que nos mereceu tal Redentor!"

a cabeça cantando. Gostava de ouvi-los e dizia para mim: Pobres avezinhas, não sabeis o que dizeis? Que pena! Cantais os louvores de Deus![79]

A EUCARISTIA E A CONFISSÃO

Grandeza do sacerdócio

O sacerdote é um homem que ocupa o lugar de Deus, um homem que está revestido de todos os poderes de Deus.[1]

Deve-se olhar o sacerdote, quando está no altar, como se fosse o próprio Deus.[2]

O sacerdote é alguém muito grande! Deus obedece-lhe: diz duas palavras e Nosso Senhor desce do céu.[3]

Se eu encontrasse um sacerdote e um anjo, saudaria o sacerdote antes de saudar o anjo. Este é o amigo de Deus, mas o sacerdote ocupa o Seu lugar.[4]

O sacerdote só se compreenderá bem a si próprio no céu.[5]

Ides confessar-vos à Santíssima Virgem ou a um anjo. Poderão absolver-vos? Dar-vos-ão o Corpo e o Sangue de Nosso Senhor? Não, a Santíssima Virgem não pode fazer descer o seu divino Filho à hóstia. Duzentos anjos não vos poderiam absolver. Um sacerdote, por mais simples que seja, pode. Pode dizer-vos: "Vai em paz, eu te perdoo".[6]

De que vos serviria uma casa cheia de ouro, se não tivésseis ninguém para vos abrir a porta? O sacerdote tem a chave dos tesouros celestes: é ele que abre a porta.[7]

Deixai uma paróquia vinte anos sem padre: ali se adorarão os animais.[8]

Quando se quer destruir a religião, começa-se por atacar o sacerdote.[9]

O sacerdote não é sacerdote para ele mesmo. Não dá a absolvição a si próprio, não administra a si próprio os sacramentos. Não está para ele, está para vós.[10]

O sacerdote deve estar tão constantemente envolvido no Espírito Santo como está na sua batina.[11]

Vede o poder do sacerdote! A língua do sacerdote faz, de um pedaço de pão, Deus! É infinitamente mais do que criar o mundo.[12]

A Missa

Todas as boas obras reunidas não equivalem ao sacrifício da Missa, porque são obras dos homens e a Santa Missa é obra de Deus. O martírio não é nada em comparação: é o sacrifício que o homem faz a Deus da sua vida, e a Missa é o sacrifício que Deus faz do seu Corpo e do seu Sangue pelos homens.[13]

Se nos dissessem: "A tal hora, vai-se ressuscitar um morto", correríamos imediatamente para vê-lo. Mas não é a Consagração um milagre maior que ressuscitar um morto?[14]

Pai santo e eterno, fazei uma troca. Vós tendes a alma do meu amigo que está no purgatório, e eu tenho o Corpo do vosso Filho que está entre as minhas mãos. Pois bem! Livrai o meu amigo e eu Vos ofereço em troca o vosso Filho com todos os méritos da sua morte e paixão.[15]

A comunhão

Uma comunhão santa, uma só, é suficiente para que o homem deixe de apetecer as coisas da terra e saboreie com antecedência as delícias do céu.[16]

As três Pessoas habitam nessa alma [que comunga], e ela torna-se um pequeno céu.[17]

A nossa alma é tão preciosa aos olhos de Deus que, na sua imensa sabedoria, Ele não achou alimento digno dela a não ser o seu Corpo.[18]

A nossa alma não pode ter outro alimento a não ser o próprio Deus. Só Deus pode bastar-lhe. A alma precisa absolutamente do seu Deus.[19]

Aquele que comunga perde-se em Deus como uma gota de água no oceano. Não é possível separá-los.[20]

O que nos lançará na maior surpresa durante toda a eternidade é que nós, sendo tão miseráveis, pudemos receber um Deus tão grande.[21]

Quando saímos da mesa da comunhão, somos tão felizes como se os

Magos tivessem podido levar com eles o Menino Jesus.[22]

Percebe-se quando uma alma recebe dignamente o sacramento da Eucaristia... É humilde, é afável, é mortificada, caridosa e modesta, dá-se bem com toda a gente. É uma alma capaz dos maiores sacrifícios. Enfim, torna-se "irreconhecível".[23]

Não digais que não sois dignos [de comungar]. É verdade: não sois dignos. Mas tendes necessidade.[24]

A grande desgraça é que muitos cristãos são negligentes em recorrer a esse divino alimento para atravessar o deserto da vida: lembram uma pessoa que morresse de fome ao lado de uma mesa farta.[25]

O Santíssimo Sacramento

Deus detém o olhar no sacrário e diz-nos: "Aqui está o meu Filho bem-amado, em quem pus todas as minhas complacências" (cf. Mt 3, 17).[26]

Nosso Senhor está no céu. Está também no tabernáculo.[27]

Ele não consegue resolver-se a deixar-nos sozinhos na terra.[28]

Se tivéssemos os olhos dos anjos que contemplam Nosso Senhor presente aqui no sacrário, como O amaríamos![29]

Que faz Nosso Senhor no tabernáculo? Espera-nos.[30]

O Senhor está aí escondido, à espera de que O visitemos e Lhe façamos os nossos pedidos. Vede como é bom! Se estivesse diante de nós revestido de toda a sua glória, não ousaríamos aproximar-nos...[31]

Se passais por uma igreja, entrai e saudai Nosso Senhor. Pode-se passar à porta de um amigo sem dizer-lhe bom-dia ou boa-tarde?[32]

Quando vamos por uma estrada e divisamos a torre de uma igreja, o coração deveria bater-nos como bate o coração de um homem que vê a casa da sua bem-amada.[33]

Quando acordardes no meio da noite, transportai-vos em espírito para junto do tabernáculo.[34]

O sacramento da misericórdia

Se eu estivesse triste, iria confessar-me imediatamente.[35]

É maravilhoso pensar que temos um sacramento que cura as chagas da nossa alma.[36]

Deus perdoará um pecador arrependido mais depressa do que uma mãe tira o seu filho do fogo.[37]

O sacramento da Confissão, em que Deus parece esquecer a sua justiça para só manifestar a sua misericórdia...[38]

Espera-nos a Sua paciência![39]

Deus é tão bom que, apesar das nossas ofensas, nos leva para o paraíso quase que apesar de nós. É como uma mãe que carrega o filho nos braços ao passar junto de um precipício. Está com toda a atenção posta em evitar o perigo, enquanto o filho não para de arranhá-la e tratá-la com maus modos.[40]

Que são os nossos pecados, em comparação com a misericórdia de Deus? Um grão de areia diante de uma montanha.[41]

Deus sabe tudo. Sabe que, depois de vos terdes confessado, pecareis novamente, e no entanto, perdoa-vos. Que amor o do nosso Deus, que chega ao ponto de esquecer voluntariamente o futuro, para nos perdoar.[42]

É preciso dedicar mais tempo a pedir [a Deus] a contrição do que a examinar os pecados.[43]

A contrição é o bálsamo da alma.[44]

Para receber o sacramento da Penitência, são necessárias três coisas: a fé, que nos descobre Deus presente no sacerdote; a esperança, que nos faz crer que Deus nos concederá o perdão; a caridade, que nos leva a amar a Deus e que põe no coração a dor de O termos ofendido.[45]

Quando o sacerdote nos dá a absolvição, devemos pensar numa só coisa: que o sangue de Deus corre sobre a nossa alma para lavá-la, purificá-la e torná-la tão bela como era após o Batismo.[46]

Os pecados perdoados deixam de existir; só resta a sua lembrança.[47]

Os pecados que escondemos reaparecem todos. Para os esconder, é preciso confessá-los. Diz-se que há muitos que se confessam e poucos que se convertem. É que há poucos que se confessam [verdadeiramente] arrependidos.[48]

Rezai pelos pecadores. É a mais bela e a mais útil das orações, porque os justos estão já no caminho que leva ao céu, as almas do purgatório têm a certeza de que vão entrar lá, mas os pobres pecadores, os pobres pecadores... Todas as devoções são boas, mas nenhuma é melhor que essa. Ah! Se eu pudesse confessar-me no lugar deles![49]

O PECADO

O pecador

Um cristão, criado à imagem de Deus, resgatado pelo sangue de um Deus! Um cristão, filho de um Deus, irmão de um Deus, herdeiro de um Deus! Um cristão, objeto das complacências das três Pessoas Divinas! Um cristão, cujo corpo é templo do Espírito Santo! Isso tudo é o que o pecado desonra![1]

A nossa alma é como um espelho. Deus vê-se nela com gosto, quando é pura. Mas se o pecado a turva...[2]

Pelo pecado, crucificamos a Deus (cf. Hebr 6, 6).[3]

Por que Me ofendeste, a Mim que te amo tanto?[4]

Fazemos a guerra a Deus com os mesmos meios que Ele nos deu para servi-Lo.[5]

Diz-me, meu amigo, que mal te fez Nosso Senhor para que O trates assim?[6]

Os animais não esquecem o bem que lhes fazem. Os cristãos esquecem a bondade de um Deus que os ama.[7]

Ó meu amigo, Eu choro porque tu não choras.[8]

O coração de um homem entregue ao mal é um formigueiro de pecados. Lembra um pedaço de carne podre que os vermes disputam.[9]

Somos parecidos com homens que se atrevessem a brincar com um cadáver, que se atrevessem a tomar nas mãos os vermes de um túmulo e com eles se divertissem como se fossem flores.[10]

Quem vive em pecado ganha os hábitos dos animais.[11]

A alma que se arrasta de pecado em pecado é como um andrajoso que se arrasta na lama.[12]

Como é vergonhoso que um homem desça tão baixo, quando Deus o colocou tão alto![13]

Há os que vendem a sua alma por dois tostões...[14]

Cada qual segue, não a sua vocação, mas o declive das suas paixões.[15]

Uma pessoa que se encontra em estado de pecado é sempre uma pessoa triste.[16]

Quando nos abandonamos às nossas paixões, entrelaçamos espinhos à volta do nosso corpo.[17]

Não encontro ninguém mais merecedor de lástima que essas pobres gentes do mundo. Trazem sobre os ombros um manto forrado de espinhos. Não podem fazer um só movimento sem se ferirem. Os bons cristãos trazem um manto forrado de pele de coelho.[18]

Remetemos a nossa conversão para a nossa morte...[19]

Esses pobres pecadores endurecidos [...] que, para abandonarem o pecado, esperam que o pecado os abandone...[20]

Os pecados

O orgulho

O orgulho é o pecado que mais horror inspira a Deus.[21]

Deus não pode deixar de experimentar compaixão ao ver o orgulho da sua criatura.[22]

Pomos o orgulho em toda a parte, como o sal.[23]

O orgulho é a corrente do rosário de todos os vícios. A humildade, a corrente do rosário de todas as virtudes.[24]

A porta pela qual o orgulho entra com mais abundância é a porta das riquezas.[25]

Cada qual se aplaude a si mesmo e gosta de ser aplaudido.[26]

O orgulho finge desprezar-se, para ser louvado...[27]

Esse pecado que começou com o mundo![28]

Não há nada mais contrário à caridade que o orgulho: são como a água e o fogo.[29]

Sobretudo, não nos obstinemos em ter a última palavra.[30]

Um maledicente teria dito alguma coisa de vós, e eis que vos sobe à cabeça, vos impede de conciliar o sono, e vos faz ferver o sangue.[31]

O corpo, essa pobre máquina![32]

Quantas mentiras para evitar uma pequena humilhação![33]

A INVEJA

A inveja é um vício anticristão e desumano.[34]

A inveja torna o homem duro, insensível e incapaz de amar o próximo e de se amar a si próprio.[35]

Foi pela inveja do demônio que o pecado entrou no mundo.[36]

O invejoso quer sempre subir; o santo quer sempre descer. E o invejoso desce sempre e o santo sobe sempre.[37]

O ÓDIO

A porta do céu está fechada ao ódio. No céu, não há rancor.[38]

Os santos não odeiam, não há fel neles; perdoam tudo. Os maus cristãos são vingativos.[39]

Um justo é um crucificado.[40]

Quando os nossos inimigos sofrem uma desgraça, dizemos que Deus os castigou.[41]

Os animais têm frequentemente mais humanidade que certas pessoas.[42]

O meio de derrubar o demônio, quando suscita em nós pensamentos de ódio, é rezar imediatamente pelas pessoas que nos causaram algum mal.[43]

A marca distintiva dos eleitos é o amor, como a dos condenados é o ódio. Nenhum condenado ama outro condenado.[44]

A CÓLERA

Quem se encoleriza assemelha-se a um marionete; não sabe o que faz nem o que diz.[45]

A cólera aniquila a paz nas famílias. Semeia a mãos cheias a desunião.[46]

Recriminam, vociferam... Ao invés de tanto falar, seria melhor rezar.[47]

Há sangue nesse arrebatamento de cólera.[48]

Afastai-vos logo que possível, no próprio instante, daquele que vos provoca cólera. Guardai um silêncio profundo pelo tempo que durar o acesso.[49]

A IMPUREZA

Semelhantes ao animal que ronca na lama...[50]

Há almas tão mortas, tão imundas, que apodrecem na infecção sem o perceberem...[51]

Como vos digo com frequência, não há nada mais vil do que uma alma impura.[52]

Quando chega a segunda-feira, são felizes? Só têm remorsos.[53]

Esse pecado que os demônios nos fazem cometer, mas que eles não cometem...[54]

Quem quiser divertir-se com o diabo não poderá alegrar-se com Jesus Cristo.[55]

Um dia, passei por uma fogueira, tomei uma mão-cheia de palha bem seca e atirei-a lá dentro dizendo-lhe que não ardesse. Os que presenciaram a cena riram-se de mim: "De que serviu dizer que não ardesse? Isso não impediu que se queimasse". — "Mas como?, respondi-lhes. Se lhe disse que não se deixasse queimar!" — Mães, que pensais? Não vos reconheceis? Não é verdade que dissestes à vossa filha que fosse prudente, ao mesmo tempo que lhe dáveis permissão para sair de casa?[56]

A mediocridade

Como são poucos os cristãos que amam verdadeiramente a Deus![57]

Nada mais comum entre os cristãos que dizer: "Meu Deus, eu Vos amo". E nada mais raro que o amor a Deus.[58]

Temos uma religião feita de caprichos, de sentimentos, de rotina.[59]

Recebemos sempre os sacramentos e somos sempre os mesmos.[60]

Dizeis que amais a Deus? Dizei antes que vos amais a vós mesmos.[61]

Ao dizerem "Confesso a Deus todo-poderoso...", acusam-se a si mesmos e dizem "por minha culpa, minha tão grande culpa". Dois minutos depois, desculpam-se e acusam os outros.[62]

Não é verdade que vos sentis demasiado tranquilos pertencendo em igual medida a Deus e ao mundo?[63]

Se tivésseis um verdadeiro desejo de levar uma vida mais cristã, os outros não veriam ao menos uma pequena mudança na vossa maneira de viver?[64]

O cristão que se diz e se julga bom cristão, que faz? À menor dificuldade, abandona tudo.[65]

Como seríamos infelizes se Deus nos amasse como nós O amamos![66]

Se quisesse pintar exatamente o estado de uma alma que vive na tibieza, diria que se parece com uma tartaruga ou com uma lesma.[67]

Pobre mundo, pobre gente mundana! Não seguem pelo meio do caminho, mas pela borda, como os burros.[68]

Aqueles que não fazem nenhum esforço por vencer-se e por dar frutos dignos de penitência são como as árvores no inverno: não têm folhas nem frutos, e, no entanto, não estão mortas.[69]

Os maus cristãos que só procuram o que deleita, que só pensam no seu bem-estar, são como as crianças que concentram toda a atenção em construir castelos de cartas ou casas de areia.[70]

Ficamos na retaguarda, dizemos: "Desde que me salve, está tudo bem. Não quero ser um santo..." Se não queres ser um santo, serás um condenado. Não existe meio termo. Não te esqueças..."[71]

Queremos ir para o céu, mas com todas as nossas comodidades, sem o menor desconforto.[72]

Ó meus filhos, como é triste! Três quartos dos cristãos trabalham unicamente para satisfazer este cadáver que não demorará a apodrecer debaixo da terra. Falta-lhes bom senso.[73]

Damos a nossa juventude ao mundo e o que sobra a Deus, que é tão bom que quer contentar-se com isso... Felizmente, nem todos são assim.[74]

Um sofrimento, e julgam-se perdidos e abandonados por Deus.[75]

Não esperemos pelo tempo: o tempo não esperará por nós.[76]

Uma alma que vive na tibieza não pensa de maneira nenhuma em sair dela, porque pensa que está de bem com Deus.[77]

Um grande pecador converter-se-á mais depressa do que uma pessoa tíbia.[78]

Infeliz aquele que faz a obra de Deus com negligência.[79]

Deus não é malvado, mas é justo. Pensais que se acomodará a todas as vossas vontades? Pensais que, depois de O terdes desprezado durante toda a vida, vai lançar-se ao vosso pescoço?[80]

O outro dia, voltava de Savigneux. As avezinhas cantavam no bosque. Pus-me a chorar. Pobres animaizinhos, Deus criou-vos para cantar, e cantais... E o homem foi feito para amar a Deus, e não O ama.[81]

A tentação

A tentação nos é útil e necessária.[82]

Deus não nos pede o martírio; pede-nos que resistamos a umas poucas tentações.[83]

Conhecemos o preço da nossa alma pelos esforços que o demônio faz para perdê-la. O inferno arma-se contra ela, o céu por ela... Como ela é grande! Quando o demônio prevê que uma alma caminha para a união com Deus, a sua raiva redobra... Feliz união![84]

Enquanto houver um cristão à face da terra, "ele" [o demônio] o tentará.[85]

A maior tentação é não ter nenhuma.[86]

Havia uma vez uma mulher (parece-me que era Santa Teresa) que se queixava a Nosso Senhor após uma tentação e lhe dizia: "Onde estáveis Vós, meu Jesus infinitamente amável, onde estáveis durante esta horrível tempestade?" Nosso Senhor respondeu-lhe: "Estava no meio do teu coração, feliz de te ver lutar".[87]

Todos os soldados são bons na caserna. É no campo de batalha que se vê a diferença entre os corajosos e os covardes.[88]

Os combates levam-nos para junto da cruz, e a cruz é a porta do céu.[89]

Quando fordes tentados, oferecei a Deus o mérito dessa tentação para obterdes a virtude oposta.[90]

Muitos se entregam à moleza e à ociosidade. Não é de admirar que o demônio lhes ponha o pé em cima.[91]

Três coisas nos são absolutamente necessárias para combater a tentação: a oração para obtermos luz, os sacramentos para ganharmos forças, a vigilância para nos preservarmos.[92]

Se estivéssemos impregnados da presença de Deus, ser-nos-ia fácil resistir ao inimigo.[93]

Quando o demônio quer perder uma pessoa, começa por incutir-lhe um grande desgosto pela oração.[94]

O demônio é esperto, mas não é forte: basta fazer o sinal da cruz para pô-lo em fuga.[95]

O demônio só tenta aqueles que querem sair do pecado e aqueles que estão em estado de graça. Os outros já lhe pertencem, não precisam ser tentados.[96]

Conheço bem o demônio. Depois de todo o tempo em que andamos juntos, somos quase colegas.*[97]

(*) Referência aos assaltos noturnos do demônio, que por muitos anos atormentaram o Cura d'Ars.

OS TESOUROS DO CRISTÃO

A Cruz na vida

Quando fostes batizados, aceitastes uma cruz que não deveis abandonar até morrer.[1]

A Cruz abraça o mundo. Está plantada nos quatro cantos do mundo. Há um pedaço dela para todos nós.[2]

A Cruz é o livro mais sábio que podemos ler. Os que não conhecem esse livro são ignorantes, mesmo que conheçam todos os outros livros. Só são verdadeiros sábios os que o consultam, os que aprofundam na sua leitura, os que o amam. Quanto mais permanecemos na sua escola, mais queremos permanecer nela. Não nos aborrece. Faz-nos saber tudo o que queremos saber e jamais nos sacia o que nela saboreamos.[3]

Um sinal de predestinação [para o céu] é ter cruzes.[4]

O que é preciso para merecer o céu? A graça e a cruz.[5]

As pessoas do mundo afligem-se quando têm cruzes. Os bons cristãos afligem-se quando não as têm.[6]

No caminho da cruz, só custa o primeiro passo.[7]

O medo da cruz é a nossa grande cruz.[8]

Como são poucos os cristãos que Vos queiram seguir, como a Virgem, até o Calvário![9]

As contrariedades levam-nos para junto da Cruz, e a Cruz é a porta do céu.[10]

As cruzes unem a Nosso Senhor, purificam, tiram do coração os obstáculos e ajudam a atravessar a vida como uma ponte ajuda a passar o rio.[11]

Que falta a esse homem? Só lhe faltam cruzes.[12]

Como é consolador sofrer sob o olhar de Deus![13]

Sofre-se, mas ganham-se méritos.[14]

Cada qual tem a sua cruz. Se conhecêssemos todos os seus méritos e soubéssemos que os podemos ganhar, quereríamos roubá-la uns aos outros.[15]

Sofrer... Que importa?... É apenas um instante...[16]

"Não mereço ser tratado assim". — Não o merece pelo que fez hoje, mas merece-o pelo que fez ontem.[17]

Os homens sem fé, que não têm a felicidade de conhecer a Deus e as suas amabilidades infinitas, têm as mesmas cruzes que nós, mas não têm as mesmas consolações.[18]

Diz-se às vezes: "Deus castiga aqueles que ama". Não é verdade. Para aqueles que Deus ama, as provas não são castigos, mas graças.[19]

As condenações do mundo são bênçãos de Deus.[20]

Há os que sofrem como o bom ladrão, e outros como o mau. Os dois sofreram o mesmo, mas um soube tornar os seus sofrimentos meritórios, e o outro...[21]

Um sofrimento acolhido com paz já não é um sofrimento. Queixamo-nos de que sofremos. Teríamos mais razão em queixar-nos de não sofrer, porque nada nos assemelha mais a Cristo do que carregar a sua Cruz.[22]

Dizeis que é duro! Não: é doce, é consolador! Só que é preciso amar sofrendo, e sofrer amando. Quando amamos a cruz, deixamos de tê-la. Quando a repelimos, ficamos esmagados.[23]

A cruz destila um bálsamo de amor.[24]

As penas derretem-se diante da oração bem feita, como a neve se derrete sob os raios do sol.[25]

Não se deve nunca perguntar de onde vêm as cruzes: vêm de Deus. É sempre Deus, que nos dá o meio de provar-Lhe o nosso amor.[26]

A cruz! A cruz! Faz perder a paz? É ela que dá a paz ao mundo.[27]

A cruz é um dom que Deus faz aos seus amigos...[28]

Há duas maneiras de sofrer: sofrer amando e sofrer sem amar. Os santos sofriam com paciência, alegria e perseverança porque amavam. Nós sofremos com cólera, despeito e cansaço porque não amamos.[29]

Se eu não tivesse prometido a Deus não me queixar, não pararia de queixar-me.[30]

A penitência

A virtude cristã é como essas flores que espremos para que exalem o seu perfume.[31]

Quanto mais tivermos mortificado o corpo, mais brilhará como um diamante.[32]

O que faz com que não amemos a Deus é que ainda não chegamos a esse grau em que tudo o que custa é abraçado com gosto.[33]

Se o jardineiro se desleixasse em arrancar as ervas daninhas do seu jardim, bem cedo deitariam raízes mais fundas, e teria mais trabalho em extirpá-las do que se o tivesse feito ao nascerem.[34]

Cortamos às vezes o talo, mas não vamos à raiz do mal.[35]

Sempre que podemos renunciar à nossa vontade para fazer a dos outros, em coisas que não vão contra a lei de Deus, adquirimos méritos que só Deus conhece.[36]

Pratica um grande jejum, muito agradável a Deus, quem combate o amor próprio, o orgulho, a repugnância em fazer o que deve fazer e não gosta de fazer, quem conversa com pessoas que não combinam com o seu modo de ser e de agir.[37]

Deixai-vos despedaçar como um pedregulho no meio da estrada.[38]

Que felicidade para nós, pobres e insignificantes criaturas, podermos dar alguma coisa a Deus![39]

Conto-vos a minha receita. Imponho-lhes [aos que se confessam com ele] uma pequena penitência e faço o resto em lugar deles.[40]

Farei uma pequena penitência, e todos serão melhores.[41]

Como eu era feliz quando passava fome![42]

É melhor deitar-se numa cama dura; assim não custa tanto levantar-se.[43]

De manhã, vejo-me na necessidade de tomar dois ou três golpes de disciplina para fazer andar o meu cadáver. Isso desperta as fibras... É assim que dominamos o nosso cadáver e domamos o velho Adão.[44]

Como gosto dessas pequenas mortificações que ninguém vê! Levantar-me um quarto de hora mais cedo, levantar-me uns minutos no meio do sono para rezar...[45]

Podemos privar-nos do aquecimento; se estamos sentados numa cadeira pouco confortável, não procurar outra melhor; se passeamos pelo pomar, privar-nos de algumas frutas; privar-nos de ver alguma coisa que nos atrai o olhar e que é bonita, sobretudo nas ruas das grandes cidades...[46]

Podemos encontrar muitas ocasiões de renunciar à nossa vontade: privar-nos de uma visita que nos dá prazer, praticar uma obra de caridade que não nos apetece; deitar-nos cinco minutos mais tarde ou levantar-nos cinco minutos mais cedo; quando se apresentam duas coisas para fazer, dar preferência à que nos agrada menos.[47]

Oh não! É preferível não dizer nada. Uma vez, quis confidenciar os meus desgostos e contrariedades a uma pessoa prudente, mas, logo depois, senti o coração seco diante de Deus.[48]

Se eu não tivesse recebido aquela pessoa, não teria sabido se amava a Deus.[49]

A pureza de coração

A imagem de Deus reflete-se numa alma pura como o sol na água.[50]

As nossas almas são à imagem de Deus. Ele as vê e contempla eternamente, e, quando são bem puras, vê-se em cada uma delas como num espelho.⁵¹

Uma alma pura é a admiração das três Pessoas da Santíssima Trindade. O Pai contempla a sua obra: "Eis a minha criatura". O Filho, o preço do seu sangue: conhece-se o valor de um objeto pelo preço que custou... E o Espírito Santo habita nela como num templo.⁵²

Uma alma pura é como uma belíssima rosa sobre a qual as Três Pessoas da Santíssima Trindade se inclinam para respirar o seu perfume.⁵³

É preciso orar com um coração puro.⁵⁴

Quando Deus vê virem a Ele, cheias de afeto, as almas puras, sorri-lhes...⁵⁵

Não imaginamos o poder que uma alma pura tem sobre Deus. Não é ela que faz a vontade de Deus, é Deus que faz a dela.[56]

Quando o coração é puro, não pode deixar de amar, porque achou a fonte do amor, que é Deus.[57]

Deus tem em conta até os nossos bons desejos. De que mais precisamos para ser felizes?[58]

Felizes as almas que podem dizer a Deus: "Senhor, eu sempre Vos pertenci"...[59]

Nada mais belo do que uma alma pura que eleva todos os seus pensamentos, todos os seus afetos e todos os seus desejos ao céu, para agradar a Deus e adorá-lo.[60]

As almas puras vêm, com essa simplicidade que tanto agrada a Deus, pedir-lhe perdão por todos os pecadores que O insultam e por todos os ingratos.[61]

Sente-se o perfume e o sabor de uma fruta quando o corpo está bem de saúde. Do mesmo modo, a alma sente e penetra as excelências de Deus na medida em que é pura. Ah! Não saboreamos a Deus porque nos falta pureza.[62]

Pensemos em nós, na nossa consciência: deveríamos olhá-la como olhamos as nossas mãos para ver se estão limpas.[63]

O sentimento da miséria própria

Quanto mais os justos vivem na inocência, mais reconhecem a sua pobre miséria.[64]

É preciso pedir a Deus que nos faça conhecer a nossa miséria, mas não toda, porque morreríamos de susto. Pedi a Deus essa graça, e não pude resistir. Pedi-lhe que me tirasse um pouco dessa pena.[65]

Meu Deus, de que coisas não somos capazes, abandonados a nós mesmos![66]

Não somos nada por nós mesmos... Não somos nada, mas Deus está conosco.[67]

Os santos julgavam-se nada, mas Deus os amava.[68]

Não tenho outro recurso contra a tentação do desespero senão lançar-me ao pé do tabernáculo, como um cachorrinho aos pés do seu dono...[69]

Custa-me muito mais defender-me da tentação do desespero do que da tentação do orgulho.[70]

Quando penso nisto [no meu nada, na minha miséria], tremo tanto que não consigo sequer assinar o meu nome.[71]

Deus fez-me a grande misericórdia de não me deixar nada em que possa apoiar-me, nem talento, nem ciência, nem sabedoria, nem força, nem virtudes.[72]

A *humildade*

A humildade é a primeira das virtudes e a base das virtudes.[73]

A humildade é para as virtudes o que a corrente é para o terço: tirai a corrente e todas as contas se vão. Tirai a humildade e todas as virtudes desaparecem.[74]

A humildade é como uma balança: quanto mais um prato se abaixa, mais o outro se eleva.[75]

Quando os santos chegam a um certo grau de perfeição, são insensíveis tanto aos elogios como às injúrias.[76]

A humildade desarma a justiça de Deus.[77]

O que o demônio mais teme é a humildade.[78]

Não convém falarmos de nós mesmos, nem bem nem mal.[79]

Falam mal de vós? Dizem a verdade. Felicitam-vos? Troçam de vós.[80]

Somos o que somos aos olhos de Deus: nem mais nem menos.[81]

Temos de sofrer? Algumas humilhações?, algumas pisadelas?, algumas palavras ferinas? Nada disso mata.[82]

Deus, que não precisa de ninguém, serve-se de mim para a sua obra, embora eu não passe de um padre sem ciência. Se Ele tivesse à mão outro sacerdote com mais motivos que eu para humilhar-se, ter-se-ia servido dele e teria feito através dele cem vezes mais bem.[83]

Pobre hipócrita! Se me conhecessem![84]

Não, meu amigo, não é essa a minha tentação. Não me custa persuadir-me de que não sou eu que faço tudo isto. Sou um pobre ignorante. Guardei rebanhos. É Deus e Santa Filomena* que fazem tudo isto. A minha tentação é o desespero. Tenho medo de ser achado hipócrita diante de Deus.[85]

Há os que me colocam no meu lugar e me julgam pelo que valho. Como lhes

---

(*) A devoção a "Santa Filomena" nasceu no século XIX em torno das relíquias de uma criança romana de fins do século I encontradas na catacumba de Priscila, num túmulo que continha um frasquinho de sangue — sinal que indicava a morte pelo martírio — e em que estavam gravadas as palavras *Pax tecum filomena*, "A paz esteja contigo, bem-amada". Como não se conhece nada de histórico a seu respeito, e nem ao menos há certeza de que esse fosse o nome da jovem, a Igreja deixou mais tarde de autorizar essa devoção. Por humildade, o Cura d'Ars atribuía a ela os milagres que fazia.

estou agradecido! Porque esses me ajudam a conhecer-me.[86]

Tendes razão. Orai pela minha conversão.[87]

(*Diante do seu retrato:*)
Para que fosse completo, seria preciso escrever por baixo: "Vaidade, orgulho, nada".[88]

(*Gostava de contar um episódio da vida de São Macário*):
O Diabo apareceu-lhe um dia armado de um chicote como se fosse bater-lhe e disse-lhe:

— Tudo o que você faz, eu também faço. Você jejua, eu nunca como; você vigia, eu nunca durmo. Só há uma coisa que você faz e que eu não posso fazer.

— O que é?

— Humilhar-me.[89]

A paciência

Uma hora de paciência vale mais que vários dias de jejum.[90]

Um bom cristão nunca se queixa de nada.[91]

O homem que tem a felicidade de conservar a paciência e a mansidão é, na sua calma, uma imagem visível de Deus.[92]

Sejamos pacientes conosco próprios.[93]

Tomar todas as coisas pelo lado bom.[94]

Às vezes, parece-me que tenho febre; o sangue ferve nas minhas veias e custa-me muito conter-me.[95]

São Francisco de Sales ensina-nos que aquele que caminha [corajosamente] para a perfeição já é perfeito.[96]

A pobreza e a esmola

Para receber muito, é preciso dar muito.[97]

Os ricos são infelizes; os pobres também. Todos somos infelizes. O imperador não é mais feliz do que eu.[98]

Nunca vi arruinar-se uma pessoa que praticasse boas obras.[99]

Com frequência pensamos que socorremos um pobre, e depois vemos que era Nosso Senhor.[100]

Não percais de vista que a esmola apaga os nossos pecados e nos preserva de cometer outros.[101]

Não tendes com que dar uma esmola, mas tendes com que comprar terras![102]

Mendiguei uma única vez na vida, e passei mal. Foi então que compreendi que é melhor dar do que pedir.[103]

Estou muito contente: já não tenho nada, Deus pode chamar-me quando lhe aprouver.[104]

O meu segredo é bem simples: dar tudo, não ficar com nada.[105]

O que eu dou não está menos escrito no céu.[106]

Os dentistas cobram cinco francos por um dente. Se alguém me quisesse dar cinco francos por cada um dos doze dentes que me restam, eu os daria de bom grado.[107]

A caridade para com o próximo

Como podemos querer mal ao nosso próximo, se sabemos que Deus, a Bondade infinita, considera, lê e escuta todos os movimentos do nosso coração?[108]

Não estaremos unidos uns aos outros lá em cima, se não tivermos começado a está-lo na terra. A morte não mudará nada: onde a árvore cai, lá fica.[109]

A palavra humana foi encarregada de unir.[110]

Estai unidos e procurai unir, mas unir no terreno do Espírito Santo, não no terreno do mundo.[111]

Choro muito quando considero as divisões que reinam entre os irmãos em Jesus Cristo.[112]

Preciosa virtude [a caridade], sem a qual a nossa religião é um fantasma.[113]

Amai os vossos inimigos mais que aos vossos amigos.[114]

Quando receberdes do mundo palavras ultrajantes e coisas semelhantes, rezai a Deus pelo vosso inimigo, e Deus vos perdoará.[115]

Preservai a reputação dos vossos inimigos.[116]

Qual dos dois sofre mais: aquele que perdoa prontamente e de bom coração, ou aquele que alimenta sentimentos de rancor contra o seu próximo?[117]

Quantas almas não haverão de censurar-nos no dia do Juízo porque, se tivéssemos oposto somente bondade e caridade às suas injúrias, estariam no céu![118]

Um bom cristão, se não pode desculpar a ação condenável, ressalva pelo menos a intenção daquele que a cometeu.[119]

Os inimigos prestam-nos um grande serviço, porque aumentam os nossos méritos quando os amamos.[120]

O sofrimento não me abala nada, mas não quereria causá-lo aos outros.[121]

O agradecimento obtém sempre novos benefícios; a ingratidão, novas desgraças.[122]

Sereis responsáveis diante de Deus por todas as boas obras que a vossa geração teria podido realizar e que não realizou por vossa culpa.[123]

Quando trabalhamos pela salvação das almas, servindo-nos como meio das obras de misericórdia, realizamos em plenitude o espírito de Cristo; consolamos os Seus membros que sofrem: os da terra e os do purgatório.[124]

A verdadeira causa de termos resistido [ao mal] foi que, nos momentos em que éramos tentados, havia um número quase infinito de almas que — pelas suas orações, sacrifícios e santas comunhões — opunham às investidas do demônio uma muralha impenetrável.[125]

Os filhos que não têm uma mãe cristã dão muita pena.[126]

A virtude passa do coração das mães para o dos filhos, que fazem com gosto o que as veem fazer.[127]

Não vos assusteis com o vosso fardo: Nosso Senhor carrega-o convosco. Deus faz bem tudo o que faz, e, quando dá a uma jovem mãe muitos filhos, é porque as julga dignas de educá-los. É da parte dEle uma prova de confiança. Oxalá os vossos filhos se lembrem, um dia, muito mais do que vos viram fazer do que daquilo que lhes dissestes.[128]

Está mal fazer esperar essa gente que vem de tão longe, que passa noites em claro para se confessar. Seria preciso que Deus me desse a faculdade que deu a vários santos: a de estar em vários lugares ao mesmo tempo.[129]

Teremos tempo para descansar quando estivermos no cemitério.[130]

Santo Afonso Maria de Ligório fez o voto de estar sempre ocupado. Nós não deveríamos ter necessidade de fazê-lo.[131]

A paz

Meu Jesus, eu uno as minhas penas às vossas penas, os meus sofrimentos aos vossos sofrimentos. Concedei-me a graça de estar sempre contente na situação em que me colocastes. Bendirei o vosso Nome e tudo o que me possa acontecer.[132]

Deus manda-nos orar, mas proíbe que nos inquietemos.[133]

A virtude é a única coisa que tem o poder de oferecer-nos o mais sólido de todos os prazeres: a paz da alma e a esperança da vida eterna.[134]

Se amássemos com toda a alma, o nosso espírito e o nosso coração nadariam na paz e na alegria, porque na terra só há paz no coração daqueles que amam unicamente a Deus.[135]

No amor a Deus encontraremos a nossa paz, a nossa perfeição, o nosso mérito, a nossa glória, a nossa felicidade..., neste mundo e no outro.[136]

Vede como é feliz, como tem paz na alma o bom cristão que ama a Deus e o próximo (e quando ama a Deus, ama o próximo). Encontrou o paraíso na terra.[137]

Uma pessoa que está em paz com Deus está sempre contente, sempre feliz... Que bela vida! Que bela morte![138]

Aqueles que amam a Deus são felizes, e também são felizes as pessoas que eles têm à sua volta.[139]

Só são felizes neste mundo aqueles que, no meio das penas da vida, têm a paz na alma.[140]

Saboreai a alegria dos filhos de Deus. Rezai para que a minha fé e a minha paz perdurem. Andam juntas.[141]

OS ÚLTIMOS FINS

A morte

A terra não se mexe do lugar, os edifícios ficam onde estão, mas os homens vão-se.[1]

Santo Agostinho diz que aquele que teme a morte não ama a Deus: é verdade. Se estivésseis separados do vosso pai durante muito tempo, não ficaríeis felizes de revê-lo?[2]

É de nós mesmos, não dos outros, que deveremos prestar contas.[3]

É preciso desde agora fazermos amigos [no céu], para que os encontremos após a morte e não tenhamos medo de [chegar lá e] não conhecer ninguém.[4]

Há muitos que saem desta terra sem saberem o que vieram cá fazer nem se preocuparem com isso. Não façamos o mesmo.[5]

Que rumo tomará a nossa alma? O mesmo que lhe tivermos imprimido na terra.[6]

A morte é a união da alma com Deus.[7]

Estamos na terra como num entreposto, por uns momentos.[8]

O cemitério: a casa comum.
O purgatório: a enfermaria.
A terra: um entreposto.[9]

Lá em cima estamos em casa. Aqui em baixo, estamos num hotel, de passagem.[10]

Quando chegar o dia do Juízo, como nos sentiremos felizes por termos sofrido, orgulhosos por termos sido humilhados, ricos por nos termos sacrificado![11]

O corpo e a alma

Há dois gritos no homem: o do anjo e o do animal. O grito do anjo é a oração; o grito do animal é o pecado.[12]

O nosso corpo é um vaso de corrupção; existe para a morte e para os vermes, não mais... E, no entanto, aplicamo-nos a satisfazê-lo mais do que a enriquecer a nossa alma, que é tão grande que não se pode imaginar nada maior, nada, nada! Porque vemos que Deus, urgido pelo ardor da sua caridade, não nos quis criar semelhantes aos animais; criou-nos à sua imagem e semelhança. Como o homem é grande![13]

O que o corpo perde, a alma o ganha; e o que o corpo ganha, a alma o perde.[14]

De duas uma: ou um cristão domina as suas inclinações ou as suas inclinações o dominam: não há meio termo.[15]

Os anjos pecam e são precipitados no inferno. O homem peca e Deus promete-lhe um libertador.[16]

A caminho da eternidade

Caminhamos para a eternidade, de onde não se volta.[17]

Cada dia, a eternidade recomeça.[18]

Somos como o vento... Tudo corre a grande velocidade, tudo se precipita.[19]

Parece que não nos movemos e, no entanto, caminhamos a grandes passos para a eternidade, como o vapor de água.[20]

Chegará um dia em que acharemos que não fizemos nada de mais para ganhar o céu.[21]

A palavra "sempre" fará a felicidade dos eleitos; a palavra "nunca" fará a infelicidade dos condenados.[22]

O pensamento do inferno

Não é Deus que nos condena, são os nossos pecados. Os condenados não acusam a Deus... Acusam-se a si próprios.[23]

É mais fácil ir para o céu do que cair no inferno. No entanto, o demônio espanta-se da facilidade com que nos faz cair em tentação.[24]

Se um condenado pudesse dizer uma única vez: "Meu Deus, eu Vos amo!", não haveria inferno para ele. Mas essa pobre alma!... Perdeu o poder de amar que tinha recebido e do qual não soube servir-se. O inferno tem a sua fonte na bondade de Deus. Os condenados dirão: "Se ao menos Deus não nos tivesse amado tanto, sofreríamos menos! O inferno seria suportável!... Mas ter-nos amado tanto! Que dor!"[25]

Se os pobres condenados dispusessem do tempo que nós perdemos, que bom uso fariam dele! Se tivessem somente uma meia hora, essa meia hora despovoaria o inferno.[26]

Malditos de Deus!... Malditos de Deus! Compreendeis, meus filhos? Malditos de Deus! Malditos de Deus, dAquele que não sabe senão abençoar! Malditos de Deus, que é a própria bondade! Malditos para sempre! Malditos de Deus! (*Durante um quarto de hora, não foi capaz de dizer outra coisa*).[27]

Condenaram-se a si mesmos a amaldiçoar a Deus durante toda a eternidade.[28]

Nenhum condenado ama outro condenado: o irmão detesta o irmão, o filho detesta o pai, a mãe detesta o filho. E esse ódio universal concentra-se sobre Deus. Assim é o inferno.[29]

A vida bem-aventurada

O PURGATÓRIO

Quando as pessoas morrem, são com frequência como uma lâmina de ferro enferrujada que se tem de levar ao fogo.[30]

Se soubéssemos quantas graças podemos obter por meio das almas do purgatório, não as esqueceríamos tanto.[31]

As almas do purgatório não conseguem nada para si próprias, mas conseguem muito para os seus benfeitores.[32]

O CÉU

O nosso amor será a medida da felicidade que teremos no Paraíso.[33]

Se uma consolação interior neste mundo nos faz experimentar tanta doçura, se torna leves as nossas cruzes, se no-las faz esquecer..., que será o céu?[34]

Nós O veremos! Nós O veremos! Ó meus irmãos, alguma vez pensastes nisto? Veremos a Deus! Vê-lo-emos tal como é..., face a face! Nós O veremos! Nós O veremos![35]

Diremos a Deus: "Meu Deus, eu Vos vejo, eu Vos tenho, nunca mais me escapareis, nunca mais!"[36]

Na unidade do Seu amor, acham-se reunidos todos os corações dos cristãos, e essa unidade é o céu. Que maravilha![37]

No céu, seremos felizes com a mesma felicidade de Deus.[38]

No céu, não existe rancor. Por isso, os corações bons e humildes, que recebem as injúrias e as calúnias com alegria ou sem alterar-se, começam o seu paraíso no mundo.[39]

ACOMPANHADOS

Os Anjos da Guarda

Bom dia, meu Anjo da Guarda. Amo-te com ternura. Guardaste-me nesta noite enquanto eu dormia, guarda-me neste dia sem ofender a Deus, ao menos mortalmente.[1]

Boa noite, meu Anjo da Guarda. Agradeço-te por me teres guardado durante este dia. Peço-te que ofereças a Deus todas as batidas do meu coração enquanto durmo.[2]

Os santos

Os santos são como pequenos espelhos nos quais Jesus Cristo se contempla.[3]

Nos apóstolos, o Senhor contempla o Seu zelo e o Seu amor pelas almas; nos mártires, a Sua paciência, sofrimentos e morte dolorosa; nos que vão para o deserto, a Sua vida obscura e escondida; nas virgens, a Sua pureza sem mancha; e em todos os santos, a Sua caridade sem limites. De sorte que, ao admirarmos as virtudes dos santos, não fazemos mais do que admirar as virtudes de Jesus Cristo.[4]

Para sermos santos, precisamos ser loucos, ter perdido o juízo.[5]

Nem todos os santos começaram bem, mas todos acabaram bem. Nós começamos mal; acabemos bem.[6]

Por onde passam os santos, Deus passa com eles...[7]

A pregação dos santos são os seus exemplos.[8]

A Santíssima Virgem

As Três Pessoas Divinas contemplam a Santíssima Virgem. Ela é sem mancha, está ornada de todas as virtudes que a tornam tão formosa e agradável à Trindade.[9]

Deus podia ter criado um mundo mais belo do que este que existe, mas não podia ter dado o ser a uma criatura mais perfeita que Maria.[10]

O Pai compraz-se em olhar o Coração da Santíssima Virgem como a obra-prima das suas mãos.[11]

Se um pai ou uma mãe muito ricos tivessem muitos filhos e todos eles viessem a morrer, restando apenas um, esse herdaria todos os bens. Pelo pecado original, todos os filhos de Adão morreram para a graça, e somente Maria, isenta do pecado, herdou as graças de inocência e favores que caberiam aos filhos de Adão se eles tivessem permanecido em estado de inocência. Deus tornou Maria depositária das suas graças.[12]

Nesse período [antes do Natal], Jesus e Maria eram por assim dizer uma só pessoa. Jesus, nesses tempos felizes para Maria, só respirava pela boca dEla.[13]

Maria deseja tanto que sejamos felizes![14]

São Bernardo diz que converteu mais almas por meio da Ave-Maria que por meio de todos os seus sermões.[15]

A Ave-Maria é uma oração que jamais cansa.[16]

O meio mais seguro de conhecermos a vontade de Deus é rezarmos à nossa boa Mãe.[17]

Penso que, no fim do mundo, a Santíssima Virgem estará bem tranquila, mas, enquanto o mundo durar, hão de puxá-la de todos os lados.[18]

Quanto mais pecadores formos, mais a Virgem Maria sentirá ternura e compaixão por nós. O filho que custou mais lágrimas à sua mãe é o mais querido do seu coração.[19]

Se o pecador invoca essa boa Mãe, Ela fá-lo entrar de algum modo pela janela.[20]

Se o inferno pudesse arrepender-se, Maria alcançaria essa graça.[21]

Maria! Não me abandoneis um só instante, permanecei sempre ao meu lado![22]

Tenho bebido tanto nessa fonte [no coração da Santíssima Virgem], que há muito tempo teria secado se não fosse inesgotável.[23]

Quando as nossas mãos tocam uma substância aromática, perfumam tudo o que tocam. Façamos passar as nossas orações pelas mãos da Santíssima Virgem. Ela as perfumará.[24]

NOTAS

INTRODUÇÃO

(1) Daniel-Rops, *A Igreja das Revoluções. 1. Diante de novos destinos*, Quadrante, São Paulo, 2003, p. 754; (2) René Bazin, *Pélerinage à Ars*, em "Anais de Ars", abril de 1909, p. 324.

ORAÇÃO SOBRE O AMOR DE DEUS

(1) *Les annales d'Ars et de Fourvière: la voix du Bon Pasteur*, 1860-61, p. 175, doravante citado como *Annales*; Jean-Baptiste Giroud, *Ars ou le jeune Philosophe redevenu chrétien, renfermant 16 exhortations ou cathécismes du Curé d'Ars*, Périsse Frères, Lyon / Paris, 1851, p. 238, daqui por diante citado como *Philosophe*.

DEUS

(1) *Annales*, 1860, p. 10; (2) Azun de Bernétas, *Biographie de M. le Cure d'Ars J.-M.-B. Vianney*, Lyon, 1857, p. 626, doravante citado como *Biographie*; (3) Alfred Monnin, *Esprit du Curé d'Ars. M. Vianney dans ses cathécismes. Ses homélies et sa conversation*, Téqui, Paris, 1935, p. 164, doravante citado como *Esprit*; (4) Catherine Lassagne, *Petit Mémoire*, Ars, 1867, p. 38, doravante citado como *PM*; (5) Monnin, *Esprit*, p. 25; Monnin, *Le Curé d'Ars, vie de M. Jean-Baptiste-Marie Vianney, publiée sous les yeux et avec l'approbation de Mgr. L'Évêque de Belley, par l'Abbé Monnin, missionnaire*, 2 vols., Dounioul / Mothon, Paris / Lyon, 1861, vol. II, p. 429, doravante citado apenas como *Le curé* com o número do volume; (6) "Respect humain", em *Sermons du Vénérable Serviteur de Dieu Jean-Baptiste-Marie Vianney, curé d'Ars*, Gabriel Beauchesne, Paris, 1925, vol. I, p. 45, doravante citado apenas como *Sermons* com o número do volume; (7) Monnin, *Esprit*, p. 22; (8) *ibid.*, p. 45; (9) Bernétas, *Biographie*, p. 435; (10) "Mystère", *Sermons*, II, p. 102; (11) *Annales*, 1860, p. 44; (12) Monnin, *Le Curé*, vol. II, p. 552; (13) Bernétas, *Biographie*, p. 436; (14) cit. por Lémann nos *Annales*, 1908, p. 125; (15) Monnin,

Esprit, p. 25; (16) *ibid.*, p. 309; (17) *ibid.*, p. 912; Monnin, *Processo Ordinário* (diocesano), pp. 1122 e 1126, doravante citado apenas como *PO*; (18) Monnin, *Esprit*, p. 25; (19) *ibid.*, 24; (20) *Annales*, 1859, p. 121; (21) Pierre Oriol, *Le prêtre de village, Jean-Marie-B. Vianney, par une Société, d'aprés les mémoires de M. Pierre Oriol et autres*, Imprimerie administrative, Vve Chanoine, Lyon, 1875, daqui por diante indicado apenas como *Le prêtre*; (22) Monnin, *Esprit*, p. 85; (23) *ibid.*, p. 83; (24) Monnin, *PO*, p. 1097; (25) Monnin, *Le Curé*, II, p. 459; (26) *ibid.*, p. 480; (27) *ibid.*, p. 455; (28) *ibid.*, p. 455; (29) *ibid.*, p. 455; (30) Monnin, *PO*, p. 1097; (31) Monnin, *Le Curé*, II, p. 456; (32) Monnin, *Esprit*, p. 80; (33) Monnin, *Le Curé*, II, p. 457; (34) *ibid.*, p. 457; (35) Monnin, *Esprit*, p. 82; (36) Mariette Jacquet, "Catéchismes recuellis vers 1843 para Mariette Jacquet, elève de la Providence", em *Annales*, 1915-8, p. 19; (37) Monnin, *Le Curé*, II, p. 456; (38) *ibid.*, p. 457; (39) *ibid.*, p. 534; (40) *ibid.*, p. 456; (41) Monnin, *Esprit*, p. 84; (42) *ibid.*, p. 81.

O AMOR DE DEUS

(1) Monnin, *Le Curé*, II, p. 454; (2) Bernétas, *Biographie*, p. 427; (3) Monnin, *Esprit*, p. 304; (4) Monnin,

Le Curé, I, p. 311; (5) "Fête-Dieu", *Sermons*, II, p. 120; (6) Jean Pertinand, *PO*, p. 386; (7) Monnin, *Esprit*, p. 126; (8) Monnin, *Le Curé*, I, p. 345; (9) *Annales*, p. 121; (10) Joseph Toccanier, *PO*, p. 123; (11) Giroud, *Philosophe*, p. 169; (12) Oriol, *Le prêtre*, p. 286; (13) Monnin, *Le Curé*, II, p. 428; (14) Oriol, *Le prêtre*, p. 119; (15) Monnin, *Le Curé*, I, p. 270; (16) *Annales*, 1860, p. 103; (17) Monnin, *Le Curé*, I, p. 191; (18) *ibid.*, p. 352; (19) Lassagne, *PM*, p. 38; (20) Conde de Saint-Bon, "Deux instructions plus une journée du Curé d'Ars écrites en septembre 1853 par le comte de Saint-Bon et sa soeur", em *Annales*, 1916-17, p. 25; (21) Monnin, *Esprit*, p. 355; (22) *ibid.*, p. 67; (23) *Annales*, 1861, p. 60; (24) Monnin, *Le Curé*, II, p. 535; (25) Monnin, *Esprit*, p. 248; (26) Toccanier, *PO*, p. 49; (27) "Premier Commandement", em *Sermons*, III, p. 43; (28) Monnin, *Esprit*, p. 21; (29) *ibid.*, p. 304; (30) Monnin, *Le Curé*, II, p. 575; (31) *ibid.*, pp. 194 e 333; (32) Monnin, *Esprit*, p. 40; (33) *Annales*, 1861, p. 14; (34) *ibid.*, p. 30; (35) Hippolyte Pagès, *PO*, p. 409; (36) Monnin, *PO*, p. 1123; (37) *Annales*, 1861, p. 10; (38) *ibid.*, p. 10; (39) Giroud, *Philosophe*, p. 99; (40) Monnin, *Esprit*, p. 278; (41) *Annales*, 1861, p. 15; (42) Oriol, *Le prêtre*, p. 30; (43) Monnin, *Le Curé*, II,

p. 183; (44) Monnin, *Le Curé*, I, p. 138; (45) Toccanier, *PO*, p. 143; (46) Giroud, *Philosophe*, p. 194; (47) Lassagne, *PO*, p. 489; (48) Monnin, *Le Curé*, II, p. 690; (49) Faure de la Bastie, *Annales*, 1910, p. 314; (50) Marie Germain, *Annales*, 1917, p. 233; (51) "Vertus", em *Sermons*, II, p. 276; (52) "Sainte Messe", em *Sermons*, II, p. 154; (53) Monnin, *Le Curé*, I, p. 351; (54) Monnin, *Esprit*, p. 105; (55) *Pensées*, p. 21; (56) Bernétas, *Biographie*, p. 472; (57) "Prière", em *Sermons*, II, p. 60; (58) *Annales*, 1859, p. 30; (59) Monnin, *Esprit*, p. 44; (60) *Annales*, 1859, p. 30; (61) "La prière", em *Sermons*, II, p. 57; (62) Monnin, *Le Curé*, II, p. 439; (63) "La prière", em *Sermons*, II, p. 65; (64) "Mystère", *ibid.*, p. 117; (65) Monnin, *Esprit*, p. 129; (66) La Bastie, *Annales*, 1912, p. 180; (67) Bernétas, *Biographie*, p. 533; (68) Monnin, *Le Curé*, I, p. 344; (69) "Bonnes oeuvres", em *Sermons*, II, p. 322; (70) Monnin, *Esprit*, p. 305; (71) Monnin, *Esprit*, p. 88; (72) *ibid.*, p. 336; (73) Giroud, *Philosophe*, p. 186; (74) Saint-Bon, *Annales*, 1916, p. 28; (75) La Bastie, *Annales*, 1912, p. 205; (76) Monnin, *Le Curé*, II, p. 534; (77) Pagès, *PO*, p. 407; (78) Monnin, *Le Curé*, II, p. 587; (79) Monnin, *Le Curé*, II, p. 437.

A EUCARISTIA E A CONFISSÃO

(1) Monnin, *Le Curé*, II, p. 451; (2) Jacquet, *Annales*, 1917, p. 29; (3) Monnin, *Esprit*, p. 113; (4) Monnin, *Le Curé*, II, p. 454; (5) Alix Henriette Baronne de Belvey, *PO*, p. 204; (6) Monnin, *Le Curé*, II, p. 452; (7) *ibid.*, p. 453; (8) *ibid.*, p. 453; (9) *ibid.*, p. 453; (10) *ibid.*, p. 453; (11) Jeanne-Marie Chanay, *PO*, p. 694; (12) Monnin, *Le Curé*, II, p. 454; (13) *ibid.*, I, p. 342; (14) *ibid.*, p. 343; (15) *ibid.*, p. 341; (16) Monnin, *Esprit*, p. 135; (17) Lassagne, *PM*, p. 38; (18) "Larmes de Jésus-Christ", em *Sermons*, II, p. 352; (19) Monnin, *Esprit*, p. 137; (20) *ibid.*, p. 578; (21) "Communion", em *Sermons*, II, p. 241; (22) Monnin, *PO*, p. 1073; (23) Monnin, *Le Curé*, I, p. 342; (24) Monnin, *Esprit*, p. 141; (25) Monnin, *Le Curé*, II, p. 448; (26) *ibid.*, I, p. 342; (27) Lassagne, *PM*, p. 37; (28) "Jeudi Saint", em *Sermons*, I, p. 424; (29) Monnin, *Le Curé*, I, p. 191; (30) Lassagne, *PM*, p. 53; (31) Monnin, *Esprit*, p. 123; (32) Lassagne, *PM*, p. 37; (33) Monnin, *Esprit*, p. 290; (34) *ibid.*, p. 125; (35) *Pensées*, p. 15; (36) Monnin, *Esprit*, p. 170; (37) Monnin, *Le Curé*, I, p. 353; (38) "Confession Pascale", em *Sermons*, II, p. 5; (39) "Miséricorde de Dieu", *ibid.*, p. 163; (40) Pagès, *PO*, p. 415; (41) "Miséricorde de Dieu", em

Sermons, II, p. 164; (42) Brac de la Perrière, "Souvenir de deux pèlerinages à Ars em 1841", em *Annales*, 1906, p. 278; (43) Germain, *Annales*, 1917, p. 28; (44) Bernétas, *Biographie*, p. 471; (45) Germain, *Annales*, 1915, p. 343; (46) Monnin, *Le Curé*, I, p. 346; (47) Antoine Raymond, "Deux catéchismes sur le péché écrits par Monsieur Raymond, auxiliaire du Curé d'Ars", em *Annales*, 1923, p. 127; (48) Monnin, *Esprit*, p. 31; (49) Monnin, *PO*, p. 1126.

O PECADO

(1) Monnin, *Esprit*, p. 164; (2) *Heures Catholiques*, p. 522; (3) Monnin, *Le Curé*, II, p. 390; (4) Monnin, *Esprit*, p. 150; (5) *ibid.*, p. 149; (6) Monnin, *Le Curé*, II, p. 390; (7) *Annales*, 1861, p. 12; (8) Monnin, *Le Curé*, II, p. 195; (9) *ibid.*, I, p. 336; (10) *Annales*, 1860, p. 10; (11) Monnin, *Le Curé*, I, p. 267; (12) *ibid.*, p. 354; (13) *ibid.*, II, p. 447; (14) La Bastie, *Annales*, 1910, p. 311; (15) "Mariage", em *Sermons*, I, p. 172; (16) Monnin, *Le Curé*, II, p. 335; (17) Monnin, *Esprit*, p. 48; (18) *ibid.*, p. 47; (19) *ibid.*, p. 157; (20) Monnin, *Le Curé*, II, p. 476; (21) Michel Givre, *Ars et son Pasteur: M. le Curé Vianney. Notice nouvelle sur la paroisse d'Ars par Michel Grive.*

Suivie de 11 instructions ou catéchismes de M. le Curé, Givre, Ars, 1857, p. 86, doravante citado como *Ars*; (22) *ibid.*, p. 64; (23) Monnin, *Le Curé*, I, p. 337; (24) Monnin, *Esprit*, p. 322; (25) "Orgueil", em *Sermons*, II, p. 380; (26) *ibid.*, p. 380; (27) Givre, *Ars*, p. 86; (28) Monnin, *Esprit*, p. 159; (29) *ibid.*, p. 239; (30) "L'humilité", em *Sermons*, III, pág 170; (31) Jean-Claude Viret, "Mémoires sur Mr Vianney, Curé d'Ars, écrits plusieurs fois de suite de 1848 à 1855", em *Annales*, 1943, p. 43; (32) Monnin, *Esprit*, p. 178; (33) "Sur les morts", em *Sermons*, IV, p. 186; (34) Givre, *Ars*, p. 111; (35) *ibid.*, p. 111; (36) Giroud, *Philosophe*, p. 120; (37) Georges Seigneur, "Le Croisé", 30.05.1861, em *Annales*, 1912-13; (38) Monnin, *Esprit*, p. 234; (39) Monnin, *Le Curé*, II, p. 482; (40) "Mort du Juste", em *Sermons*, III, p. 398; (41) Viret, *Annales*, 1943, p. 43; (42) Germain, *Annales*, 1916, p. 112; (43) Monnin, *Esprit*, p. 235; (44) *ibid.*, p. 339; (45) Giroud, *Philosophe*, p. 129; (46) Givre, *Ars*, p. 121; (47) La Bastie, *Annales*, 1911, p. 262; (48) Givre, *Ars*, p. 122; (49) *ibid.*, p. 124; (50) Monnin, *Le Curé*, I, p. 330; (51) Monnin, *Esprit*, p. 165; (52) *ibid.*, p. 167; (53) Oriol, *Le prêtre*, p. 290; (54) Monnin, *Esprit*, p. 164; (55) Monnin, *PO*, p. 1080; (56) "Devoirs des parents", em *Sermons*, I, p. 1019;

(57) *Annales*, 1861, p. 10; (58) Giroud, *Philosophe*, p. 192; (59) "Vertus", em *Sermons*, II, p. 282; (60) Viret, *Annales*, 1943, p. 74; (61) Giroud, *Philosophe*, p. 198; (62) "Confession Pascale", em *Sermons*, II, 7; (63) *ibid.*, p. 9; (64) "Respect humain", em *Sermons*, I, p. 53; (65) Viret, *Annales*, 1943, p. 173; (66) *Annales*, 1859, p. 7; (67) "Tiédeur", em *Sermons*, III, p. 254; (68) Monnin, *Esprit*, p. 244; (69) *Annales*, 1861, p. 121; (70) *ibid.*, p. 103; (71) Monnin, *Esprit*, p. 232; (72) Monnin, *Le Curé*, I, p. 351; (73) Monnin, *Esprit*, p. 59; (74) *ibid.*, p. 55; (75) "Afflictions", em *Sermons*, II, p. 44; (76) Monnin, *Le Curé*, II, p. 220; (77) "Tiédeur", em *Sermons*, II, p. 260; (78) *ibid.*, p. 261; (79) Givre, *Ars*, p. 127; (80) Monnin, *Esprit*, p. 184; (81) Monnin, *PO*, p. 1117; (82) *Annales*, 1859, p. 78; (83) La Bastie, *Annales*, 1910, p. 273; (84) Monnin, *Le Curé*, II, pp. 447 e 475; (85) "La Prière", em *Sermons*, II, p. 71; (86) Monnin, *Esprit*, p. 222; (87) Monnin, *Le Curé*, II, p. 479; (88) *ibid.*, 477; (89) La Bastie, *Annales*, 1910, p. 271; (90) Monnin, *Le Curé*, II, p. 479; (91) *ibid.*, p. 479; (92) *ibid.*, p. 475; (93) La Bastie, *Annales*, 1910, p. 273; (94) "Ennemis du Salut", em *Sermons*, I, p. 251; (95) Monnin, *PO*, p. 1111; (96) Monnin, *Le Curé*, II, p. 478; (97) Fr. Athanase de la Sainte-Famille, *PO*, p. 812.

OS TESOUROS DO CRISTÃO

(1) "Invention de la Sainte Croix", em *Sermons*, IV, p. 19; (2) Monnin, *Le Curé*, II, p. 464; (3) *ibid.*, p. 109; (4) Oriol, *Le prêtre*, p. 287; (5) Monnin, *Le Curé*, II, p. 571; (6) Monnin, *Esprit*, p. 192; (7) Monnin, *Le Curé*, II, p. 463; (8) *ibid.*, p. 465; (9) "Passion", em *Sermons*, I, p. 445; (10) Monnin, *Le Curé*, I, p. 452; (11) *ibid.*, II, p. 463; (12) *ibid.*, p. 373; (13) Monnin, *Esprit*, p. 195; (14) Condessa de Garets, *PO*, p. 893; (15) Pagès, *PO*, p. 407; (16) Monnin, *Esprit*, p. 197; (17) Monnin, *Le Curé*, II, p. 483; (18) *ibid.*, p. 463; (19) Lassagne, *PO*, p. 490; (20) Monnin, *Le Curé*, II, p. 467; (21) *ibid.*, p. 462; (22) *ibid.*, I, p. 452; (23) *ibid.*, II, p. 473; (24) Condessa de Garets, *PO*, p. 792; (25) Monnin, *Le Curé*, II, p. 449; (26) *ibid.*, I, p. 453; (27) *ibid.*, p. 452; (28) *ibid.*, p. 453; (29) *ibid.*, II, p. 462; (30) Toccanier, *PO*, p. 160; (31) *Annales*, 1861, p. 30; (32) Monnin, *Esprit*, p. 340; (33) Monnin, *Le Curé*, II, p. 575; (34) Givre, *Ars*, p. 76; (35) La Bastie, *Annales*, 1910, p. 273; (36) Monnin, *Le Curé*, II, p. 657; (37) "Bonnes oeuvres", em *Sermons*, II, p. 322; (38) Monnin, *Le Curé*, II, p. 669; (39) Pertinand, *PO*, p. 359; (40) Monnin, *Le Curé*, I, p. 374; (41) *ibid.*, p. 390; (42) Lassagne, *PM*, p. 71; (43) Lassagne, *PO*, p. 514; (44) Monnin, *Le Curé*, II, p. 652; (45) *ibid.*, I,

p. 350; (46) Monnin, *Esprit*, p. 180; (47) Monnin, *Le Curé*, II, p. 638; (48) Lassagne, *PO*, p. 511; (49) Lassagne, *PM*, p. 69; (50) Monnin, *Le Curé*, II, p. 447; (51) *Annales*, 1860, p. 44; (52) Monnin, *Le Curé*, II, p. 447; (53) Toccanier, *PO*, p. 122; (54) La Bastie, *Annales*, 1911, p. 261; (55) Monnin, *Esprit*, p. 124; (56) Monnin, *Le Curé*, I, p. 332; (57) *ibid.*; (58) *ibid.*, p. 370; (59) Monnin, *Esprit*, p. 217; (60) *Annales*, 1861, p. 82; (61) Monnin, *Esprit*, p. 124; (62) *Annales*, 1861, p. 85; (63) Monnin, *Esprit*, p. 50; (64) *Annales*, 1861, p. 30; (65) Lassagne, *PM*, p. 81; (66) "Les Tentations", em *Sermons*, I, p. 308; (67) Seigneur, *Annales*, 1912, p. 301; (68) Saint-Bon, *Annales*, 1916, p. 27; (69) Monnin, *Esprit*, p. 331; (70) Lassagne, *PM*, p. 86; (71) Alix Henriette Baronne de Belvey, *PO*, p. 211; (72) Monnin, *Le Curé*, II, p. 267; (73) Raymond, *PO*, p. 328; (74) Chanay, *PO*, p. 710; (75) Monnin, *Le Curé*, II, p. 633; (76) Raymond, *PO*, p. 327; (77) *Annales*, 1859, p. 145; (78) Toccanier, *PO*, p. 143; (79) Condessa de Garets, *PO*, p. 917; (80) Monnin, *Esprit*, p. 327; (81) Pagès, *PO*, p. 435; (82) Monnin, *Le Curé*, II, p. 429; (83) Pertinand, *PO*, p. 383; (84) Toccanier, *PO*, p. 170; (85) Joseph Camelet, *PO*, p. 1374; (86) Monnin, *Le Curé*, I, p. 454; (87) Pertinand, *PO*, p. 383; (88) Monnin, *Esprit*, p. 271;

(89) Toccanier, *PO*, p. 174; (90) Condessa de Garets, *PO*, p. 908; (91) Bernétas, *Biographie*, p. 298; (92) "Colère", em *Sermons*, III, p. 355; (93) "Mystères", em *Sermons*, I, p. 123; (94) Monnin, *Le Curé*, II, p. 483; (95) Condessa de Garets, *PO*, p. 908; (96) Bernétas, *PO*, p. 524; (97) Chanay, *PO*, p. 708; (98) Saint-Bon, *Annales*, 1916, p. 25; (99) Oriol, *Le prêtre*, p. 285; (100) Monnin, *Le Curé*, II, p. 608; (101) "L'Aumône", em *Sermons*, I, p. 348; (102) *ibid.*, p. 363; (103) Monnin, *PO*, p. 1066; (104) Pertinand, *PO*, p. 382; (105) Toccanier, *PO*, p. 168; (106) Condessa de Garets, *PO*, p. 960; (107) Pagès, *PO*, p. 422; (108) "Anges Gardiens", em *Sermons*, IV, p. 127; (109) Monnin, *Esprit*, p. 277; (110) Seigneur, *Annales*, 1912, p. 298; (111) *ibid.*, p. 301; (112) *ibid.*, p. 301; (113) "Charité", em *Sermons*, III, p. 205; (114) Viret, *Annales*, 1943, p. 43; (115) *ibid.*, p. 42; (116) "Service de Dieu", em *Sermons*, III, p. 107; (117) *ibid.*, p. 109; (118) "Afflictions", em *Sermons*, II, p. 54; (119) Bernétas, *Biographie*, p. 299; (120) Toccanier, *PO*, p. 140; (121) Lassagne, *PM*, p. 89; (122) Oriol, *Le prêtre*, p. 43; (123) "Devoir des parents", em *Sermons*, II, p. 326; (124) Monnin, *Le Curé*, II, p. 374; (125) "Rosaire", em *Sermons*, IV, p. 104; (126) Condessa de Garets, *PO*, p. 941; (127) Monnin,

Le Curé, I, p. 15; (128) *ibid.*, II, p. 552; (129) Fr. Athanase, *PO*, p. 823; (130) *ibid.*, p. 814; (131) Toccanier, *PO*, p. 140; (132) "Bonnes oeuvres", em *Sermons*, II, p. 323; (133) Oriol, *Le prêtre*, p. 103; (134) *Annales*, 1861, p. 10; (135) *ibid.*; (136) *ibid.*, 1860, p. 207; (137) Monnin, *Le Curé*, II, p. 575; (138) *ibid.*, I, p. 335; (139) "Respect humain", em *Sermons*, I, p. 61; (140) Monnin, *Esprit*, p. 197; (141) Seigneur, *Annales*, 1912, p. 301.

OS ÚLTIMOS FINS

(1) Saint-Bon, *Annales*, 1916, p. 27; (2) Monnin, *Esprit*, p. 299; (3) *ibid.*, p. 50; (4) *ibid.*, p. 249; (5) *ibid.*, p. 29; (6) *Annales*, 1860, p. 10; (7) Monnin, *Le Curé*, II, p. 666; (8) Monnin, *Esprit*, p. 28; (9) Monnin, *Le Curé*, II, p. 431; (10) Saint-Bon, *Annales*, 1916, p. 26; (11) Monnin, *Le Curé*, I, p. 454; (12) *ibid.*, II, p. 450; (13) Monnin, *Esprit*, p. 64; (14) Monnin, *Le Curé*, I, p. 332; (15) Monnin, *Esprit*, p. 227; (16) Giroud, *Philosophe*, p. 148; (17) Monnin, *Esprit*, p. 422; (18) La Bastie, *Annales*, 1911, p. 311; (19) Oriol, *Le prêtre*, p. 119; (20) Monnin, *Le Curé*, II, p. 432; (21) Monnin, *Esprit*, p. 232; (22) La Bastie, *Annales*, 1910, p. 311; (23) Monnin, *Le Curé*, I,

p. 335 e vol. II, p. 430; (24) Pagès, *PO*, p. 409; (25) Monnin, *Esprit*, p. 27; (26) *ibid.*, p. 29; (27) Fr. Athanase, *PO*, p. 669; (28) Monnin, *Le Curé*, II, p. 450; (29) Monnin, *Esprit*, p. 339; (30) *ibid.*, p. 49; (31) Monnin, *Le Curé*, II, p. 597; (32) Chanay, *PO*, p. 700; (33) "Premier commandement", em *Sermons*, III, p. 44; (34) *Annales*, 1860, p. 44; (35) Monnin, *PO*, p. 1105; (36) *ibid.*; (37) Oriol, *Le prêtre*, p. 193; (38) Pagès, *PO*, p. 407; (39) Monnin, *Le Curé*, II, p. 482.

ACOMPANHADOS

(1) Oriol, *Le prêtre*, p. 283; (2) *ibid.*, p. 284; (3) "Sur les Saints", em *Sermons*, IV, p. 147; (4) *ibid.*, p. 148; (5) Monnin, *Le Curé*, II, p. 273; (6) Monnin, *Esprit*, p. 63; (7) Monnin, *Le Curé*, I, p. 46; (8) Monnin, *Esprit*, p. 266; (9) Lassagne, *PM*, p. 44; (10) Monnin, *Le Curé*, II, p. 476; (11) Monnin, *Esprit*, p. 86; (12) Lassagne, *PM*, p. 45; (13) "Saint Jean-Baptiste", em *Sermons*, IV, p. 27; (14) "Sainte Vierge", em *Sermons*, IV, p. 70; (15) "Impureté", em *Sermons*, III, p. 301; (16) Monnin, *Le Curé*, II, p. 591; (17) Giroud, *Philosophe*, p. 178; (18) Monnin, *Le Curé*, II, p. 591; (19) *ibid.*, p. 590;

(20) Oriol, *Le prêtre*, p. 311; (21) Monnin, *Le Curé*, II, p. 590; (22) Alexis Tailhades, *PO*, p. 1508; (23) Monnin, *Le Curé*, II, p. 589; (24) *ibid.*, p. 591.

Direção geral
Renata Ferlin Sugai

Direção de aquisição
Hugo Langone

Produção editorial
Juliana Amato
Gabriela Haeitmann
Ronaldo Vasconcelos
Roberto Martins

Capa
Gabriela Haeitmann

Diagramação
Sérgio Ramalho

ESTE LIVRO ACABOU DE SE IMPRIMIR
A 12 DE SETEMBRO DE 2024,
EM PAPEL OFFSET 75 g/m^2.